新書

宮本雄二
MIYAMOTO Yuji

2035年の中国

習近平路線は生き残るか

992

新潮社

２０３５年の中国——習近平路線は生き残るか　目次

はじめに

尽きない疑問

2022年10月の中国共産党第20回全国代表大会（以下、党大会）において、習近平は念願の総書記3選を果たした。圧倒的な人事の力を見せつけ、習近平の長期政権が始まったことを強く印象付けた。10年前、習近平が党のナンバーワンである総書記に就任したときに、習近平の今日の姿を想像できた者はほとんどいない。この10年で、習近平が何をしようとしているのかがはっきりしてきた。目標を定め、今後どのようにして実現しようとしているのかについても明らかとなった。それらは「習近平思想」（正式には「習近平の新時代の中国の特色ある社会主義思想」）としてまとめられた。今回の党大会において示された人事の力によって、「習近平思想」を実行に移す体制も強化されたように見える。わずか10年でここまで持ってきた習近平の力は、どのようにして作りあげられたのであろうか。習近平の「力」とはどういうもので、毛沢東や鄧小平にどこまで近づいたのであろうか。疑問は尽きない。

ところが、順調に滑りだしたかに見えた習近平第3期政権を、再びコロナ危機が襲った。ゼロ・コロナ政策が国民の強い不満を呼び込み修正を迫られ、中国共産党と国民との関係を象徴する出来事となってしまった。共産党と国民との関係を支えてきた中国経済も、大きな転換期に入り、厳しい将来予測も多くなった。米中の地政学的なせめぎ合いも、中国を取り巻く国際環境に暗い影を投げかけている。このような内外情勢の中で、習近平に導かれた中国はどこに向かおうとしているのだろうか。それは世界にどのような影響を与え、世界をどのように変えていくのであろうか。そもそも「習近平思想」と称される路線で、これからの激動の世界を乗り切れるのであろうか。中国の経済と社会が直面する新たな挑戦と課題を克服することは可能なのであろうか。そのような中国に対して日本と世界はどのように向き合うべきなのであろうか。疑問は続く。

長期目標「二つの百年」

これらの疑問に答えるためにも、中国共産党が向かおうとしている方向、つまり目標を知り、それをどのように実現しようとしているのかを知っておく必要がある。中国共産党は江沢民以来、国民との公約として「二つの百年」の目標を掲げてきた。これが中国の国家目標でもある。

「一つの百年」目標は、中国共産党建党百年の2021年に「全面的な〝小康社会〟」を作り上げることであり、これは公約通り見事に達成した。つまり「ややゆとりのある生活ができる社会」を作り上げることに成功したのだ。中国水準ではあるが貧困県はなくなり、一人当たりGDP（国内総生産）も1万2000ドルを超え、先進国入りも目前に迫ってきている。

第二の百年目標は、中華人民共和国の建国百年である2049年、大まかに言って今世紀半ばまでに「富強の民主的で文明的な調和のとれた美しい、社会主義現代化を実現した強国」（第20回党大会報告）を作り上げることにある。2017年に習近平は、第二の百年目標の達成スケジュールを2022年から35年までと36年から50年ごろまでの2段階に分けた（第19回党大会報告）。それぞれの目標の内容を具体的に説明し、今世紀半ばには「総合国力と国際的な影響力において世界の先頭に立つ社会主義現代化強国を作り上げる」と宣言した。

2035年問題と本書の視座

このように2035年は壮大な「中国の夢」実現の中間点として、格別に重要な位置づけを与えられた。習近平は2035年に82歳になる。「中国の夢」が半ば実現し、世界の最高峰に向かって邁進する祖国を自分の目で見たいという願望には強いものがあるだろう。2035年は、習近平にとって極めて重要な年なのだ。だが振り返ってみれば習近平の中国は、どうして国民との間でこのような「公約」をしなければならなかったのであろうか。それをどのようにして実現しようとしているのであろうか。この「公約」の実現は米国を押しのけるということであり、必然的に米国との地政学的抗争を呼び込む。それをどのようにして生き延びようとしているのであろうか。その背景にはどのような世界観や世界の潮流に対する認識があるのであろうか。そもそもこの目標が国民の総意なのだろうか。しかも中国にそれを実現する力が本当にあるのであろうか。疑問は次々に湧き起こる。

これらの疑問に答えることが中国の実情に近づくことでもある。中国に限ったことではないが、ものごとを全体的に眺めることは難しい。しかし全体的に眺めないと本当のところは分からない。そこで中国共産党の統治の仕組みを縦糸に、中国の歴史や文化、社会を横糸にして中国の全体像を知る必要がある。その試みとして書いたのが2015年の拙著『習近平の中国』(新潮新書)であった。それから、およそ8年が経つ。中国はますます大きな存在となった。習近平政権の特質も、中国の向かおうとする方向も、中国を待ち受ける新たな困難や挑戦も次第に明らかになってきた。特に習近平第3期政権は、江沢民や胡錦濤の時代ではなく、毛沢東や鄧小平の時代と比較することにより、本質が一層はっきりと分かる。毛沢東以来の中国共産党の歴史を踏まえなければ実像に近づけないのだ。本書は、それらを踏まえ、中国の全体像をお届けしようというものであり、『続・習近平の中国』という感じでお読みいただければ幸いである。

第1章　中国共産党は「国民」を恐れている

「権力集中」を容認する党内世論

中国といえば、共産党の一党支配による強権政治の国というイメージが強い。奇跡の経済発展と軍事力の急速な増強。この国力の増大を大きな背景として、権力を手中に収めた習近平が、国内の反対意見を押さえ込み、世界に対しては強硬に自己主張をし、中国中心の世界を作ろうとしている――中国について、最近こういうイメージで語られることが多い。だが私の理解する中国と習近平政権は、このイメージとはかなり違うのだ。

この章では、手始めに私の理解する中国共産党と国民との関係について述べてみたい。そのことを通じ、世界が持つ中国のイメージと現実との落差が見えてくるだろう。習近平政権は、国民との緊張関係という厳しい現実の中で中国を統治し、対外関係を処理している。「彼を知り、己を知れば百戦して殆《あや》うからず」である。中国を徹底的に理解してこそ中国に対し最も効果的な対応策を見いだすことができるのである。

1966年に始まり10年続いた中国の文化大革命は、中国共産党の一つのイメージを作り上げた。それはカリスマ的指導者毛沢東と、それに従順に付き従う共産党および国民という姿である。天安門広場を埋め尽くす若者たちは、『毛沢東語録』を手にかざし、天安門の楼上に姿を現した毛沢東に歓喜した。この映像は全世界に流れた。あの当時、毛沢東自身が、すなわち共産党であり中国であった。その毛沢東が文化大革命という大災害に中国を陥れ、多くの人命を奪い、経済を大きく後退させ、文化を徹底的に破壊した。

鄧小平は、文化大革命をはじめとする毛沢東時代の失政の原因は「個人崇拝」にあると認定し、それを全面否定した上で、「集団指導制」に転換した。それでも鄧小平の権威に並ぶものはなく「無冠の帝王」として、存命中は中国の重大政策を実質的に決定してきた。江沢民、胡錦濤の時代、「集団指導制」は確実に定着したが、その弱点も露わとなった。党の決定自体が妥協の産物となり、しかもトップの権威が弱体化した結果、党の決定が末端まで浸透しなくなった。その実態を表す言葉に「上に政策あれば下に対策あり」というものがある。官僚組織や社会は上の政策をそのまま実施しないのだ。胡錦濤は、2012年秋、最後の仕事として党大会の政治報告を読み上げたが、その中で声を震わせて「〝上に政策あれば下に対策あり〟を決して許してはならない」と言っていた。本当に頭に来ていたのだと思う。

このような政治状況が、２０１２年秋に胡錦濤を引き継いだ習近平の権力集中に有利に作用した。胡錦濤は江沢民に権力集中を邪魔され、やるべきこともやれずに、腐敗は蔓延し、弛緩した党・政府組織にしてしまったのだ。党内世論は、これでは駄目だということでトップへの権力集中を許容する方向に傾いていたからだ。そこで習近平は反腐敗闘争を最大限に活用して政敵を倒し、制度を改め、着実に権力を手にして行った。だが習近平への権力集中が、毛沢東時代に作り出されたイメージ、すなわち党ないし国民が党のナンバーワンに付き従うというイメージを復活させたことは間違いない。

国民を恐れなかったソ連共産党

それでは習近平は毛沢東のようになれたのであろうか。特に国民との関係はどうなっているのであろうか。

習近平が毛沢東のようになりたいと思っていることは想像に難くない。努力もしている。だが習近平は、今回の党大会において見せつけた圧倒的な人事の力を以てしても、毛沢東に追いつけないでいる。

毛沢東時代、国民は確かに唯々諾々と毛沢東に付き従った。それは彼が共産党を率い、日本と戦い、国民党に勝利し、自分の力で天下を勝ち取ったからである。中国では天下を取ったものが王朝を打ち立て国を治めることになっている。だから毛沢東の、天下取りの実力に裏打ちされた権威に国民は付き従った。

その毛沢東でさえも、国民との関係を離れて共産党が存続できないことはよく分かっていた。弱小であった党と軍を率いて強大な日本軍や国民党と戦うには、国民を味方につけるしかなかったからだ。そのために党と軍の規律を厳格にし、国民の望む政策をとった。1949年に新中国の成立を宣言するまで、毛沢東は国民に寄り添って進んでいたと言って良い。しかし天下を取るや、国民の意向よりも、むしろ自分の理念を実現することに執着した。そして失敗した。毛沢東思想は革命党のための思想であり、政権党のためのものではない。政権党にとり最も大事なのは、経済であり社会の安定である。毛沢東は、経済でさえも政治運動で結果を出せると錯誤した。最後は文化大革命という政治運動が毛沢東路線の死命を制した。

78年末、鄧小平の尽力で、毛沢東の一連の政策が大きく転換された。この新政策は後に市場を最大限に活用する改革開放政策と呼ばれるものに収斂していく。だが、私が北京の日本大使館に初めて勤務した81年から83年頃、この政策はまだひ弱であった。社会主義計画経済の古い考え方が根強く残っており、新政策に対する逆風は強かったのだ。このとき鄧小平は、この新政策を推し進め経済を発展させ、国民生活を向上させなければ、共産党は国民に見放されるとの強い危機感を隠すことはなかった。文化大革命は、それほどまでに党と国民との関係を破壊し、国民の心を離反させていたのだ。国民との関係に対する危機感は、それほど強かった。鄧小平も必死だったのだ。

この鄧小平の「国民に見放される」という感覚が中国的だなと感じたのは、83年から85年まで勤務したソビエト連邦課での経験があったからだ。ソ連もソ連共産党が統治する国だった。似たようなものだろうと思っていたが、実際は似て非なるものだった。両国共産党の大きな違いの一つが、党と国民との関係にあった。ソ連共産党は国民を全く恐れていないのだ。ソ連・ロシアの歴史を読んでいくと、そこに一つの回答があった。ロシアの歴代王朝は、外敵の侵入で崩壊したことはあっても、レーニンによる共産革命を除き、自国民の力で倒されたことはないのだ。

ところが中国では、すべての王朝が農民蜂起により打倒されている。しかも儒学は民の声は天の声と説き、天の声に従わなければ天命が尽き、そこで王朝は代わると説いている。鄧小平の民を恐れる気持ちは中国人のDNAだったのだ。いかに権勢を誇ろうとも、民の声に耳を貸さず国民多数が離反すれば、そこで政権は終わるのだ。これが中国共産党の認識である。選挙を通じて国民が決める民主主義においては、何を根拠に統治しているのかという「統治の正当性」の問題は存在しない。しかし、そういう選挙のない中国では、何故に共産党は統治し指導できるのか、という問題は、共産党とその指導者にとり死活的に重大な問題なのだ。

「収入増」だけでは満たされない

この「統治の正当性」の問題を解く鍵が、国民の要求にしっかり応えていくこと、つまり民政の問題にあることを中国の指導者はよく理解していた。毛沢東は「大衆の実際生活上のすべての問題は、われわれが当然注意すべき問題である」と言っている。それを政治運動を使ってやろうとして失敗した。鄧小平は「人民の生活水準の向上に有利かどうかが、仕事が正しく行われているかどうかを判断する基準である」と語っている。江沢民、胡錦濤も「人民の生活水準の向上」を重視してやってきた。だから経済発展に注力し、奇跡の経済成長を実現したのだ。

「統治の正当性」の問題を補足すれば、経済発展が当たり前になれば、生活水準の向上だけでは国民は納得しなくなる。経済発展を実現してくれたのは鄧小平だが、あなたは何をしてくれるのですか、と問われる。これに答えられないと中国のトップは務まらない。この「統治の正当性」の問題に利用されたのが歴史教育であり、愛国主義教育であった。１９８９年の天安門事件において若者たちが「打倒共産党」を叫んだことに鄧小平は驚愕した。共産党しか中国を指導し中国を復興させることができないことは、これまでの歴史が証明しているのに、その打倒を若者が叫ぶというのは、教育が足りないからだと考えた。そこで歴史教育、愛国主義教育が強化された。これが日本にとっても効いてくるのだが、共産党が絶体絶命の中国を救ったことを強調することで、「統治の正当性」を補強しようとしたことは間違いない。

習近平は、世代交代も進み、経済の急速な発展が国民のライフスタイルや、ものの考え方を急激に変えつつある時代の中国の指導者となった。２０１２年、共産党総書記に就任した直後の記者会見において「人民の素晴らしい生活に対する憧れ（の実現）こそが、われわれの奮闘目標である」と発言した。「人民の素晴らしい生活に対する憧れ」

は鄧小平以来の「生活水準の向上」を超えた概念である。収入を増やすだけではもはや不十分なのだ。「大衆の、生活に対する期待は絶えず上昇し、ニーズは多様化し、多層化していることを意識しなければならない」時代に入ったのである。

習近平は、同時にナショナリズムも動員したし、歴史も動員した。それが毛沢東時代への回帰につながるのだが、習近平が一貫して国民世論を重視してきたことは間違いない。振り返れば習近平は、国民の多数が反対したり不満を持ったりすることを、実はやったことがない。反腐敗闘争も、党員はいい加減にしてくれと思っているだろうが、国民が日頃接触する地元の悪徳ボスはほぼ全員が党員であり、この連中が監獄に送られることに国民は拍手喝采している。環境悪化に対する国民の不満が募ると、その改善に努力している。数年で北京の空気をきれいにしたのも、その成果の一つだ。中国がパリ協定に積極的になった大きな理由は内政にあったのだ。

ここ数年、習近平政権はことさら「人民」を強調するようになった。「人民のために、人民に依拠し、人民を最高の地位において仕事をする」ことを共産党員に求めている。最近は「江山は即ち人民であり、人民は即ち江山である」という表現まで使っている。「江山」には国の支配権という意味がある。とにかく国民第一で考え行動せよ、と共産党員を教育している。それほど国民の存在が、党に対する強い圧力となってきているということだ。

それはしばらく前の香港のように、デモないし反対の声が街にあふれているということでは決してない。現時点をとれば、国民はまだ習近平政権を支持している。至る所に監視カメラが設置され、スマートフォンの個人情報が筒抜けになっても、街は安全になり、生活が便利になれば、国民はそれに不満はない。こういう監視システムが生活にどのような影響を及ぼすかを国民が知るのは、これからのことなのだ。不満が増せば、国民が唯々諾々と従う保証は何もない。

個人の動きをほぼすべて把握するということは、国民の管理監督に役立つというメリットだけではない。国民世論を早期に、正確に知る術を持つということでもあり、政策や措置の修正にも役立つ。だが修正に失敗すると大変な事態を招く。

豊かになるほど「管理」の難しさも増す

国民世論の凄まじい力を見せつけたのが、2019年末から徐々に表面化した湖北省武漢市における新型コロナウイルス流行のときである。地方指導者は、20年3月に予定されていた全国人民代表大会のための準備会議を優先し、コロナの情報を隠し、十分な対策をとらなかった。

当局が情報管制を敷いても完全に止めることはできない。たとえ1分か2分の短時間であってもネット上に留まった情報は、人口が14億の中国では相当数の人の目にとまる。それを何らかの方法で知人たちに伝えていく。国民の命をないがしろにして情報を隠蔽し、政治的点数だけを稼ごうとする地方指導者。コロナ情報を住民に伝えようとしたのに逆に訓戒処分を受け、その後コロナで病死した李文亮医師。武漢の混乱と悲鳴……。これらの情報は、あっという間に全国に広がり、国民は本当に怒った。措置をとるのが遅れた指導者たちと中央政府に対しても、次第に厳しい目が向けられていった。

これらの動きが海外にいるわれわれにも伝わってくるのだ。習近平政権は大丈夫か、と本当に心配した。中国共産党も、デモが起きなくても国民が怒ったときの怖さを疑似体験したことであろう。初動に失敗した習近平政権は、今度は正に共産党の総力を挙げて新型コロナウイルスの封じ込めに取り組み、そしてゼロ・コロナ政策を成功させた。経済の回復も世界に先駆けて実現した。この間、特に米国とヨーロッパは逆にコロナに翻弄され続けた。これを見た中国国民は、改めて中国のガバナンスの良さを感得し、習近平政権に対する評価も大きく改善した。

ところが2022年3月の上海ロックダウンである。これを契機に状況は激変した。このことについては第12章で詳述するが、その後オミクロン株の流行は勢いを増し、社会の不満は蓄積し、同年11月の全国的なゼロ・コロナ政策への反対運動となった。武漢の経験を総括して統治システムを整えていたはずなのに、こうなった。予防に失敗したのだ。これらの経験は、これからの中国共産党の施策に大きく影響するはずだ。

それは人民重視の柱が、習近平路線のイデオロギー、政治重視という、もう一つの柱とぶつかったということでもある。鄧小平は、政治を自己抑制させ、経済がより自由に発展できる環境整備に努めた。習近平は、むしろ政治をより重視している。そして今回、習近平政権の厳しいゼロ・コロナ政策の遂行と国民生活に対する管理と締め付けの強化に対し、国民が強い不満を表明したのだ。国民が望んでいるのは、もう少し豊かで、もう少し自由に自分の好きなことがやれる社会の実現だということが明らかとなった。これを実現することこそが、これからの中国共産党の「統治の正当性」、国民との約束事とならざるを得ない。つまり国民が望んでいるのは、政治より経済であり、もっと自由のある社会なのだ。この部分を修正できるかどうかで習近平第3期政権の安定度も決まるであろう。

皮肉なことに、個人情報を集積すればするほど、要処理事項のリストは長くなる。中国の一人当たりGDPはついに1万2000ドルを超えた。中国の判断では一人当たり所得が1万8000ドル以上であれば先進国と見なされているが、上海や北京を始め、すでに先進国の仲間入りを果たした地方も確実に増えている。今や中国の大学進学率は5割を超えている。自分で考える力を持つ豊かな市民が増え続けているということだ。現代社会特有の、彼らの多様化した価値観とニーズに、中国共産党の一党支配の制度がどこまで上手に対応できるか。中国の将来は、ここにかかっている。結局は、中国国民が中国の将来を決めるのである。

第2章　中国社会の中核をなす「義」とはいかなる価値観か

「国民」とは

前の章では、私の理解する中国共産党と国民との関係について語り、中国政治における国民の持つ影響力について説明した。その「国民」が、またわれわれと違うのである。その国民と、国民が作り上げる社会のことを理解しないと、中国における党と国民との関係、党内におけるものの決まり方といったものの真相に近づくことはできない。共産党に統治されているとされる国民ないし人民とはどういう人たちなのであろうか。この章では少し踏み込んで解説してみよう。

結論を先取りすれば、これがまた、並大抵のものではないのだ。中国の現場に踏み込むことにより、習近平が自分の意のままに中国を統治することの難しさが垣間見えるであろう。その中国の内政が、今度は中国の外交姿勢を決める。中国の国際的イメージを決定づける対外姿勢のあり方も、実は内政の命ずるところでもあるのだ。

中国共産党に統治されている「国民（人民）」を語ろうとすると、正直言って、まとめるのは容易ではない。だが、ある程度のイメージを持っていないと中国の統治の実態はつかめない。そこで私の経験を踏まえた中国人論、中国社会論を共有していただくことにする。そこから見えてくる「国民」は、実にたくましく、したたかに生き抜く人たちの群像なのだ。

習近平の曾祖父

はっきりしていることは、日本「国民」の感覚で中国「国民」を連想すると間違うということだ。もちろん日中両国とも伝統的価値観を共有しており、その意味で近い。しかも日本人と中国人の外見は、よく似ている。だが外見が似ていることにだまされるな、という警句もある。中身は外国人だと思え、というのだ。このことも正しい。

日本人と中国人との違いはどこから来るのであろうか。和辻哲郎は、その古典的名著『風土』において、風土が人間の自己了解の仕方に、如何に大きな影響を与えているかを論じた。私自身、雨季と乾季しかないミャンマーで生活してみて、日本の四季の変化が日本人の美意識、ものの考え方に如何に大きな影響を与えているかを知ることができた。

中国の風土が中国人のものの考え方の大枠を決める。中国人がおおらかだとか、大雑把だとかいわれるのは、広い国土に多くの異なる民族の人たちが大昔から同居してきたからであり、あまり厳格にやるとすぐギスギスする。少数民族問題がゴタゴタしている理由の一つも、ここにある。

中国の風土の、もう一つの特徴は、生活の厳しさにある。大昔、ハーバード大学でドワイト・H・パーキンス教授の中国経済史の講義を聴いたことがある。歴史上、飢饉による死者の数が驚くほど多いのは、中国では常に生産力の限界まで人口が増える結果、小さな飢饉でも多くの死者が出るためだということであった。中央の権力が弱体化すれば地方は乱れ、治安は悪化する。外敵が侵入すれば、大混乱に陥る。「万里の長城」にある博物館に、長城の歴史が展示してあったが、外敵は何度も長城を越え侵入してきている。その数は驚くほど多い。

飢饉や外敵の侵入が起こるたびに、多くの命が失われていった。民衆は食べもののある安全な地方に避難せざるを得なかった。普通は北方から南方への移動だった。移動する民の最たるものが客家《ハッカ》と呼ばれる人たちである。友人の一人が客家人だが、彼の家系は河南省から福建省へ、さらに広東省、四川省へと移っている。移ってきた人たちに地元の人は冷たい。条件の悪いところにしか住めず苦労する。そこでよく働きよく学ぶ人たちが多くなった。リー・クアン・ユーも鄧小平も客家人だ。習近平の曾祖父も、実は河南省から飢饉を逃れて陝西省に移ってきている。新参者の環境は厳しい。祖父の代まで貧しい農民であった。父親の習仲勳は共産党と出会い全中国の指導者の一人となった。こういう厳しい風土の中で中国の国民性が培われていった。肉体的、精神的に弱い人は淘汰されていく。強くなければ生きていけないのだ。中国国民の特徴の一つは、その生き抜く強さにある。

党の人事分析の特徴

中国国民のもう一つの特徴として個人的関係の重視、インナーサークルの重視をあげることができる。歴史を辿《たど》れば、政府は税金を徴収し、兵隊や使役のために徴用するだけであり、外敵が来て一番に逃げるのが政府の軍隊であった。そこで家族や村落が一体となって自分を守った。家族、同郷、同学といったものが人々を結びつける最も強い絆となった。最近は同じ職場がこれに加わる。こうした個人的関係が、自分が生き延びるための最も頼れる存在となる。中国共産党の人事分析に、こうした人間関係が多用されるのは、それが実際に重要な役割を発揮しているからだ。会ったこともない人間は信用できないというのが、今も中国社会の常識なのだ。

そこで国民は、他人を信用しないのと同様に、基本的には政府も信用していない。中国国民の次の特徴として、「官」ないし「政府」に対する不信をあげることができる。よく中国経済の統計数字の話が出てくるが、国民は数字ではなく彼らの皮膚感覚の方を信用する。数字をいくら取り繕っても、国民を動かすことはできない。今でも国民は政府の言うことに唯々諾々と従うことはない。共産党は、それを懸命になって変えようとしているが、国民の政府に対する不信感はそれ以上に根強いのだ。

念のために付け加えれば、外交では中国国民は政府の言うことを信じているように見える。それは外交が彼らの日頃の生活圏外の出来事であり、比較するもの、皮膚感覚的なものがないことからくる。特にナショナリズムに訴えられると判断も甘くなる。コロナ前の２０１９年に、中国の海外旅行者数は延べで1億５０００万人を超え、海外留学生の数も75万人を超えている。時間はかかるであろうが、中国国民の多くが海外を経験するようになれば、この状況もかなり変わってくるであろう。

中国で生きる環境の厳しさは、自己主張の強さという、もう一つの国民的特徴を作り出す。人口が常に多く、生活環境が厳しい中国においては、自己主張しないと生きていけない。中国では社会通念として人に手を出すことは御法度であり、言葉で相手を説得しなければならない。日本のように、何を言われても反論せず、黙って刀を抜きバッサリ切る、というわけにはいかない。現に中国人が手を後ろに組んで口げんかをする光景を見たことがある。台湾で中国語の研修を始めた頃、真夜中に近所で大騒ぎがあった。翌日何だったのか聞くと、夫婦げんかを外でしていたというのだ。人様に聞いてもらって、どっちが正しいか決めてもらおうというのだから、事、極まれり！ である。最近は、こういう光景も少なくなったであろうが、自己主張の伝統はしっかり残っている。中国国民は日本人とは比較にならないほど自己主張するのだ。

共産主義は心の問題に答えを持たない

こういう、したたかな中国国民が、情況如何では、国民を一つにまとめる力を持つものを有している。それが伝統に基づく価値観であり、その中核が「義」である。

清朝末期から中華人民共和国の成立まで、中国は混乱を極めた。文化大革命において伝統的価値観はとどめを刺されたはずであった。しかし生き残っていた。そもそも共産主義は人の心の問題である倫理観や価値観への答えを持たない。毛沢東に打倒された劉少奇の『共産党員の修養を論ず』という本を、大昔に読んだことがある。書いてあったことは立派な共産党員になるためには、立派な中国人になれということであり、基本は儒学であった。梅原猛先生が「縄文文化は、その後、圧倒的な弥生文化が来ても、日本人の中に生き続けている」という話をされるのを聞いたことがある。伝統文化、それが体現する価値観はそう簡単には滅びないのだ。

私は長い間、中国の伝統的価値観は儒学に代表されていると考えてきた。これが間違いだと教えられたのは、『馬賊戦記』（朽木寒三著）という本を読んでからだ。小日向白朗という若者が１９１６年、16歳で中国に渡り、19歳で馬賊に拉致された。中国人になりすまし21歳で馬賊の頭目となり、波瀾万丈の生涯を送る。『馬賊戦記』は、この小日向白朗の伝記である。中国人として中国人社会で生活した小日向は、中国底辺社会の価値観は道教的なものにあることを教える。儒学はどこにも出てこない。論語の中に最も多く出てくるのが「仁」だが、中国社会が最も重んじるのは「義」である。今日でも中国人にとり一番大事なものは「義」だねと聞くと、ほぼ全員が同意する。実際には仏教が漢字に翻訳されるやいなや、儒教、道教と混じり合い、この三者の厳格な区分は難しくなっていく。大きくつかめば有識者は儒学の世界を理想としたが、一般社会は仏教化した道教に導かれた。それが「義」という価値観に集約されるのであろう。

この「義」の意味は簡単には解説できない。私の故郷、福岡の言葉に「シロシイ」というのがある。標準語にすれば「つらい」とか「うっとうしい」ということになるのであろうが、「シロシカナーッ」という言葉から来るトータルな「つらさ」や「うっとうしさ」の感じは伝わってこない。「義」も同じであろう。いくら言葉を書き連ねても、彼らにとっての「義」という言葉の持つトータルな重みは理解できないであろう。

「義」とは人倫道徳の根源

それでは「義」とは何か。私は彼らが人倫道徳の根源的なものと感じる価値観であると考えている。1980年代の初めに北京の日本大使館で勤務していたころ、ある日本人が、人民解放軍兵士二人が死亡する自動車事故を起こしたことがある。文革直後の、司法制度も未整備の中国だったので、彼ができるだけ早く中国を離れることができるように交渉した。交渉が無事終わったとき、中国側関係者は「ご両親が物事のよく分かる方で、日中関係の重要性を理解し穏便に済ますことに同意してくれて、本当に助かりました」と話した。何だ、共産党が指示すれば、それで解決ということではなかったのか⁉ そこで「そうではないケースもあるのですか」と聞くと、「そちらの方が多いです」という返事だった。

親子の情が「義」の根源にあり、親が納得しないことは共産党でもやれないのだ。そういう「義」を、より多くの人が共有すると、共産党といえどもそれに反することはできない。こういう視点で眺めていくと、２０２０年初めの湖北省武漢市における地方幹部の新型コロナウイルスに関する言動は、著しく「義」に反する行為であった。人民の命に関わる重大問題を軽視したこと自体、「義」に反する。しかも、「義を見て為《な》さざるは勇なきなり」（『論語』）と立ち上がった医師を、事もあろうに処罰し、しかもその医師は殉職した。当局の行動は、何重にも「義」に反しているのだ。そこで国民は本当に怒った。共産党は初動のミスを認め、李文亮医師の行為を是認し、烈士に認定した。

武漢の出来事に対する国民の不満は、全国的な動きとはならなかった。コロナの影響が全国に広がらなかったからだ。だが、２０２２年11月のコロナ騒動は、今度はうねりとなって全国を襲った。新疆ウイグル自治区のウルムチにおいて起こったマンション火災で公称10人が死亡した悲劇はゼロ・コロナ政策により引き起こされたと多くの中国人が確信した。「義」が損なわれたのだ。そこでゼロ・コロナ政策に対し長い間、蓄積されてきた不満が、このウルムチの事件を契機に、一気に燃え上がった。「義」という価値観、つまり不正義が行われたことに対する民衆の怒りと連帯が国民全体の動きを引きだした。経済の低迷と不十分な救済は、出稼ぎ労働者や社会の下層を直撃する。カタールのワールドカップにマスクなしで熱狂するファンの姿は、長い間閉じ込められたままの若者たちを刺激したであろう。上海や北京など大都市の中産階級は、自分たちの自由の制約への不満をさらに増大させたことであろう。１９８９年の天安門事件当時と比べても、今回の方が社会全体の不満と広がりは遥かに大きい。一つの争点が、中国社会の義憤を呼び起こす事件を引き金に、国民を広く巻き込む全国的な騒動を引き起こしたのだ。

それが中国のコロナ政策を転換させた。国民が動けば習近平を動かせると党及び国民社会が学べば、国政運営の流れも変わるであろう。

「自由」「人権」は「義」か？

実はニアミス的なことは、これまでにも起こってきた。共産党が真に恐れているのは、武漢や今回のコロナ対策批判のように、国民が一致して政府や党を批判する行動をとることだ。習近平政権が腐敗をたたいているのは、政敵を倒し、自分の言うことを聞く官僚機構を作るためだけではない。共産党に対する国民の批判や不満を回避し、党に対する信頼を回復するためでもある。特に心配しているのは、個々のケースが横につながり、結局は制度ないしシステムが悪いと国民が思い込む事態だ。そうなると全国的規模で国民が党の支配に文句を言い始める。共産党にとっての悪夢だ。そこで腐敗や権力乱用などの案件は、すべて個々の問題として処理し、横につながらないようにしている。こんなに悪い奴がいたので問題が生じただけで、制度の問題ではない、という理屈だ。「悪者」を厳罰に処することで、国民の不満や批判をそらし、制度自体には是正能力があることを強調しているのだ。

それ故に、国民が一致団結して反対しかねないケースには格別の対応が必要になる。今回のコロナもそうだが、もう一つ、前にも触れた環境問題がある。北京で大使をしていた頃、一般の中国人から「指導者たちが、環境問題が国民の安全を脅かすことを知っていながら放置していたことは許せない。高官は外国にすぐに逃げられるが、それができない自分たちはどうなるのか！」という怒りをぶつけられたことがある。大気汚染により子供が肺がんになり死亡するケースがいくつか出れば、もう持たないであろう。

しかも中国は「空気」社会だ。何らかの形でできあがった「空気」に逆らうことは中国でも難しい。共産党も自分に有利な「空気」を作ろうと懸命だが、中国国民も自分で「空気」を作りだす力を持つ。その鍵が「義」にある。残念ながらわれわれの言う自由も人権も、まだ、この「義」の中には入っていない。だが中国社会は急速に変化している。40有余年にわたる経済の急成長が、中国社会を現代社会に変容させ、脱工業化社会に突入させている。この変化は、国民のものの考え方にも大きな影響を与える。自由や人権に対する考え方も、欧米と同じになることはないが、より一層重視する方向で変化するであろう。中国社会も、ようやく生きるための生存権の世界から、それ以外の人権を考える世界に足を踏み入れているのだ。

中国国民が、今後、一致して反対するようなケースが、どのようにして起こるかは分からない。共産党も必死になって、そうならないように努力するだろう。しかし万が一にも、そういうケースにぶつかり共産党が対応を誤れば統治の屋台骨は揺らぐ。中国分析に中国国民の視点を決して欠いてはならない。

第3章　未完の「習近平思想」は党と国民に支持されるのか

理屈へのこだわり

中国共産党は理屈っぽい。ソ連共産党もそうだったので、共産党とはそういうものだと思ったら良い。そこで何々思想や何々理論ということになる。これがないと前に動き出せないのだ。この理屈へのこだわりを理解しないと中国共産党のやっていることもよく分からなくなる。その典型的な例が、鄧小平が毛沢東思想の足枷《あしかせ》から逃れるために仕掛けた「真理の基準」論争だ。「真理を検証する唯一の基準は実践である」という結論に持ち込んで、毛沢東の一言一句をそのまま実行すべしという華国鋒グループを押さえ込んだ。毛沢東が使った「実事求是」（事実に基づいて問題を処理する）という言葉を使って、逆に毛沢東を否定する中国らしいやり方だった。この理論的な突破を経て、やっと新しいことをドンドンやれるようになり、改革開放政策につながっていった。この結果がすべて、という基本的考え方は今日でも生きている。結果を出せなければ、その政策は間違いなのだ。

「中国の特色ある社会主義」

習近平は、第20回党大会の報告において「マルクス主義は中国共産党の立党、立国、そして党と国を興す根本的な思想である」と強調した。江沢民、胡錦濤時代に曖昧になっていた政治イデオロギーを再確認し、重視する姿勢の表明でもある。

19世紀に資本主義の否定として社会主義が生まれ、マルクスは、それをさらに進めて共産主義を唱えた。20世紀に入り、初めてマルクスの共産主義を掲げて政権を打ち立てることに成功したのが、レーニン率いるソ連共産党であった。このマルクスとレーニンの考え方を一まとめにしてマルクス・レーニン主義と呼ばれている。マルクス・レーニン主義は、西洋文明のど真ん中で生まれ、しかもそれとは趣を異にするロシアの大地で発展したものだ。この混合物を、今度はさらに中国という全く異なる文明を持つ場所に移植しようとして悪戦苦闘してきたのが、中国共産党なのだ。

毛沢東たち中国共産党の創設者は、混迷の中国を救う路を必死に探し求めていた。そこで出会ったのがマルクス・レーニン主義だった。中国が向かうべき将来の青写真（マルクス）と、それを実現する手法（レーニン）がついに手に入ったのだ。だが中国革命の現場でそれを実際に適用しようとすると失敗の連続であった。その実践の中から毛沢東思想が出来上がった。だが政権党になった途端に経済で失敗した。それを克服するために鄧小平理論が考え出された。マルクス・レーニン主義が限りなく中国化されるプロセスでもあった。ここに中国共産党のかかえる政治と経済の根本矛盾が植え込まれた。

レーニンは共産党の一党支配と計画経済を実施に移し、資本主義と全く違う社会主義を実践した。政治と経済を両立させたのだ（その後ソ連は経済に失敗し、結局崩壊した）。毛沢東は政治を絶対視し経済を駄目にした。鄧小平は政治を自己抑制させ、資本主義の中核ともいえる市場経済を導入し成功した。やろうとしていることは資本主義ではないかという批判に答えるために、再び理論的突破をせざるを得なかった。それで考え出されたのが「社会主義初級段階論」である。本当の社会主義に向かう初級段階においては、最大の任務は生産力の増大であり、それに有利なものは市場経済であれ何であれ、利用できるものは利用して構わないということにした。しかも、その期間は100年以上続くというのだ。社会主義だと言っているのに、やっていることは資本主義ではないかという根強い批判は常にあった。そこで「中国の特色ある社会主義市場経済」ということにしたが、どこまで市場経済を許容するのか、政治的な要求をどこまで通すのかは、折に触れぶつかり合う定めとなった。中国の国政運営において政治と経済の矛盾が埋め込まれたのだ。経済発展を最も重視する鄧小平理論は、政治サイドの厳しい批判に曝され続けてきたということだ。２０１２年に共産党のトップに就いて以来、習近平はこの鄧小平理論の限界を克服し、時代の変化にふさわしい新たな思想を追求してきたと言える。

党の指導思想

習近平は、２０１７年の第19回党大会において、「二つの百年」が実現する２０５０年頃までに実質、米国に並ぶことを宣言した。チャイナ・モデルは欧米モデルに代わる新たな選択肢となり得ると豪語し、米国を強く刺激した。これは「中華民族の偉大な復興」という「中国の夢」の具体的中身の説明なのだが、実は「習近平思想」の重要な構成部分の一つでもあった。しかも、この「習近平思想」は、このとき共産党にとっては憲法に当たる党規約に書き込まれた。ついにマルクス・レーニン主義、毛沢東思想、鄧小平理論、三つの代表重要思想（江沢民）、科学的発展観（胡錦濤）と並ぶ、共産党の指導理念となった。江沢民や胡錦濤が、任期満了後、ようやく成し遂げた自分自身の理論の党規約への書き込みを任期半ばで実現したのだ。

しかも習近平は、２０２１年秋に、毛沢東と鄧小平に続き、党として三つ目の「歴史決議（党の百年奮闘の重大な成果と歴史的経験に関する決議）」を通すことに成功した。「歴史決議」は、党が大きな方向転換をするときに、それまでの歴史を総括し、新たな方針が正しいことを証明するためにつくられる。この「歴史決議」のなかで、「習近平思想」を毛沢東思想および鄧小平理論と並ぶ、現時点における共産党の指導思想とすることに成功した。そして２０２２年の党大会において、「習近平思想」こそが、これまでの思想や理論を基礎に、新たに創りだされた「新時代の中国の特色ある社会主義思想」であると位置づけた。つまり「習近平思想」だけを忠実に実践すれば良いことにした。「習近平思想」の新たな位置づけは定まったのだ。

それでもなお「習近平思想」は生成発展の途上にあることを、習近平自身が語っている[1]。中国共産党のガバナンス全体について言えることだが、統治の仕組みの中に改革がしっかりと組み込まれている。すでに触れた「実事求是」の体現でもあるのだが、この中国共産党の「変わる力」をくれぐれも忘れないでいただきたい。「習近平思想」

でさえ生成発展していくのであり、ましてや現在の政策が修正されることは大いにあり得る。この「変わる力」こそが中国共産党の持つ最大の力であり、ここが弱れば共産党の統治自体も弱体化する。政権交代がない分だけ自分で変わっていかないと命運が尽きてしまうのだ。

脚注的に言えば、こういう〝指導理念〟が論理的、体系的に一冊の本になっているわけではない。いろんな場面での指導者の発言を集めたものであり、その発言集は何冊にもなる。それを理論担当者や研究者が論理的、体系的なものとして説明する。鄧小平の時代は、やってみて結果が出れば正しいというので大胆かつ次々と新しいことを試みた。それをマルクス・レーニン主義や「毛沢東思想」と整合性のある理論に仕上げろと言うのだから、理論担当者は大変だろうなと心から同情したものだ。毛沢東は自筆の論文として発表することが多かったが、それでも後で修正を加えている。鄧小平は事前原稿なしに自分で考えて話をし、それを後で整理させていた。しかし、江沢民以後は大体、事前に準備された原稿を読み上げるようになった。

「腕力」とは別の力

江沢民と胡錦濤は、鄧小平の抜擢で共産党トップに就任し、鄧小平理論を忠実に実践した。つまり江沢民と胡錦濤の理論的貢献は、鄧小平理論の枠内で、それを発展させたという位置づけになる。江沢民の〝三つの代表〟は、民営企業が急速に増大し国家の重要な分野を占めるようになったのに、民営企業家が党員になれないという問題を解決するためのものであった。これで労働者の党、つまり階級政党から、全国民の党へと変貌した。共産党の大きな変質であった。胡錦濤は、指導理論がないと指導者として格好がつかないというので「科学的発展観」なるものを作り上げた気配がある。

習近平は総書記就任後わずか5年で、しかも自分の名前を付けた「思想」を党規約に書き込ませることに成功した。これは習近平への権力集中を示す大きな一歩だと多くの中国観察者（チャイナ・ウォッチャー）は解説した。確かにそうだが、しかし、この見方は一面的だ。それ以上のものがあるのだ。「習近平思想」と称される習近平の一連の発言は、２０１２年、自らが総書記に就任した時に中国共産党が直面していた深刻な諸課題に対する回答として打ち出されたと見るべきものである。反腐敗闘争で政敵を薙《な》ぎ倒す習近平の「腕力」だけではなく、多くの党員を納得させる「理屈と実践の力」にも注目する必要がある。

今振り返れば、2012年当時、中国共産党は大きな転換点に到達していたのだ。人口ボーナスに支えられた高度経済成長は頭打ちとなり、下降線を辿《たど》り始めていた。経済発展は当たり前のこととなり、それだけで党と国民を引っ張っていくことが難しくなった。経済発展に代わる新たな目標も必要となっていた。経済発展は社会を変容させ、世代交代とともに高学歴の多様化する社会を作りだしていた。格差は拡大し、安心安全の問題といった新たな矛盾が生じていた。共産党の統治は、これらの矛盾にタイミング良く対応できず、腐敗も蔓延し、国民の不満は募り、社会は方向感を失っていた。党組織自体も巨大化し、規律は散漫であり、党中央は十分に統制できないでいた。国力の増大とともに中国のナショナリズムは高揚し、しかも国粋主義化の傾向を強め、自己主張の強い対外強硬姿勢を求めていた。強い軍隊を作るというのは、党と国民のコンセンサスであった。急速な経済発展は、軍事力の急速な増強を可能としていたが、人民解放軍そのものは、現代戦を戦えない、時代遅れの腐敗まみれの組織に成り果てていた。中国は、多くの問題をかかえ、鄧小平が明確に語ったことのない世界に足を踏み入れていた。つまり鄧小平理論だけではやっていけない、党と国家の大掃除の必要に迫られていたのだ。

中国共産党のかかえる、これらの諸課題に答えるために、習近平は重要講話の形で一連の対策を迅速に打ち出して行った。まだまだ粗っぽいものであったが、よく考え抜かれてはいた。それらをまとめたものが「習近平思想」ということになる。あの時点で習近平グループの「理屈の力」はかなりのものだった。

しかし、「習近平思想」と言っても発展途上にある未完の思想である。しかも、中国共産党が政権党であるために、現実の問題を解決し結果を出さなければならず、机上の空論は許されない。理論と現実のせめぎ合いの中で多数が納得する答えを出すことは容易ではない。鄧小平は、とにかく経済を重視した。最後は経済発展に有利かどうかで判断し、しかも結果を出してきた。国民も大喜びだった。習近平は、その途上にある。「中華民族の偉大な復興」は、経済ほど明確な判断基準とはならない。「習近平思想」を実施した結果、何が実現されるのか、これですべてが決まる。実現したものが多くの党員や国民の願望に沿い、納得を得られれば良いが、そうでなければ適宜適切に必要な修正を施し、結果を出さなければならない。「習近平思想」はまだ抽象的な段階にあるということでもある。習近平第３期政権は、引き続き「理屈と実践の力」が試される運命にあるのだ。

政治とイデオロギーの重視

習近平時代となり、トップの権威を高め、党や社会に対する締め付けを強め、対外的な自己主張を強めた。

「習近平思想」の第一の特徴は、政治とイデオロギーの重視にある。共産党の統治のバックボーンとしての社会主義、マルクス主義を強調してきたが、最近は21世紀のマルクス主義を作りだすと息巻いている。真の社会主義をやるのなら、「人民」を重視せざるを得ない。習近平は最近、人民のさらなる重視を強調しているし、人民の反応をことのほか気にしている。エリート集団である共産党が人民の要望や気持ちを先取りして人民のための統治をするというのが建前なのだが、人民の国政への直接参加なしに、それができるかという昔からの問題は残ったままだ。

政治とイデオロギーの重視は理念や価値観の重視につながる。もはや経済だけでは人々を奮い立たせ、共産党の統治は当然だと納得させることはできない。もちろん経済がうまくいかず生活に響けば、国民はすぐに不満を持つ。それでも経済発展が当たり前になった中国で、経済だけでは、国民はついてこない。そこで未来を語り、理念や価値観を強調することにした。それが「中国の夢」であり「中華民族の偉大な復興」となる。

この「中国の夢」は習近平たちの文革世代やナショナリズムを信奉する人たちには受けるだろう。だが、これで国民全体が心を震わせて共産党についていきましょうということには、なかなかならない。

「中国の特色ある社会主義思想」とは一体、何なのかについて中国共産党は長い間、答えを出せずに苦労してきた。２０２１年の建党百周年の講話において習近平は伝統的文化に言及し、理念や価値観を中国的なもので補強することを明確にした。だが西洋文明の落とし子であるマルクス主義と中国文明を背負う伝統的文化との真の融合は、知的な一大チャレンジであり、長い年月を必要とする。

政治やイデオロギーを重視すれば、経済は相対的に軽視される。政治が関与すれば経済効率は落ちる。「習近平思想」により政治と経済の矛盾という本質的問題は、むしろ強まってしまったのだ。

党の重要性を強調

第二の特徴として、「党の指導」の強調を挙げることができる。１９８０年代に改革開放政策が定着するまでは、中国社会は完全に共産党にコントロールされていた。学校も職場も住宅も、すべて党＝政府が決めており（統一分配）、国民には政府の言うことを聞く以外の選択肢はなかった。1980年代初めの北京勤務の頃、党員でもない運転手たちが共産党の方針を学ぶ学習会に参加させられていた。だが、改革開放の進展により、これらすべてにおいて国民は自分で選択できるようになった。もはや国民に学習会を強要することはできない。自由な空間が急速に拡大し、「党の指導」の及ばない空間が拡大していったのだ。習近平政権は、既存の党の指揮命令系統の強化とともに、「党の指導」の及ばない空間を少なくすることを狙っている。それは経済的、社会的にますます重要になってきた民営企業に対し「党の指導」を強めようとする最近の動きに典型的に表れている。「党の指導」は自由をせばめ民《たみ》の活力をそぐ危険と隣り合わせだ。国民生活に干渉する度合いが高まったときに、国民が好意的に対応する保証もない。

第三の特徴として、「党の建設」、つまり組織の強化がある。党がすべてを指導するというのだから、党がしっかりしていないと話にならない。これまでも党建設の重要性は常に口にされてきたが、習近平の真剣度は次元を異にする。海外のマスコミ等において反腐敗闘争と呼ばれているものは、習近平にとっては「党の建設」であり、反腐敗と規律強化の双方を含むし、党組織の改革も含まれる。ルールを決めて、違反するものは厳しく罰するというもので、この「法治」のやり方は、今や国家運営の柱の一つとなっており強力に進められている。

党がすべてを牛耳るとなると、末端の党員や組織のトップは、とてつもない権限を持つことになる。ここがしっかりと管理されていないと腐敗の温床となる。これを「法治」の仕組みを使って管理するとともに、党組織のトップに、責任をとらせることにより実施を担保しようとしている。これは党員、とりわけ幹部党員に高い能力と倫理基準を要求するものであり、現在もそのキャンペーンが続いている。この基準に到達できる者がどれくらいいるのか、そこまでの使命感を持つ者がどれだけいるのか、疑問もわく。ある中国語の報道は、これを「一千年の戦い」と称していたが、正に中国社会の「伝統」との戦いそのものである。現在はかなり成功しているように見えるが、「伝統」に勝てる保証は何もない。

ナショナリズムを反映

第四の特徴として、国粋主義的なナショナリズムを強く反映している点を挙げることができる。これが強硬な、自己主張の強い対外姿勢を生み出している。近隣諸国との摩擦の増大も、米国との対立激化も、背景にはこれがある。国民社会の成熟の度合いとも関係しており、現時点をとればコンプレックスの裏返しとしての過剰な自信、自分中心の世界観から来る外部世界に対する不満と怒りを生んでいる。

中国共産党は中国の勃興するナショナリズムの中で誕生し、それを活用しながら国政を運営してきた。習近平政権となり、それまでの政権が押さえ込んできた国粋主義的ナショナリズムをむしろ利用してきた側面があるし、場合によっては煽ったこともある。「戦狼外交」がその典型的な例だが、ネット空間では国粋主義的ナショナリズムが官主導から民主導に移ってきているとの報道も出始めた［2］。今度は官が民に影響されかねないのだ。ナショナリズム自体が悪いのではないが、自国中心の国粋主義や大局観を欠く狭隘なナショナリズムは問題である。穏やかな啓発されたナショナリズムに成長するには、これからまだ相当の時間がかかるであろう。

「路線闘争」も

これらの特徴をもつ発展途上の「習近平思想」は、実施に移されていく段階で多くの無数と言っても良い問題に直面する。それらに対処していく中で人々の考え方の違いが明らかになっていく。人間社会を眺めて思うのは、人には生まれつきの性格や性向があり、物事への向き合い方や進め方に自ずから違いが出てくるということだ。いかなる組織にも改革派ができ、保守派ができる。中国共産党も例外ではない。当面、大きな方向性において異論を唱える向きは少ないであろう。なぜなら、すべてが党の正式決定となっているからだ。だが具体的な対応の仕方について異論は出てくる。そこで、この違いが路線対立となり、派閥の形成となり、人事抗争となる。習近平一強体制では、トップへの挑戦のハードルは高いが、その下の「小路線闘争」はいつでも起こりうるし、現に起こり始めた兆候もある。

より多くの党員が、国民の反応を踏まえながら、習近平のやり方はおかしいと感じ始めれば、党内の声となり世論となる。同じ目的を達成する方法は、常に複数あるからだ。さらに時間が経てば習近平の大目標、基本路線そのものに対する異議も出てくる可能性がある。世代交代の影響も大きいであろう。それが「大路線闘争」を生む。「習近平思想」のこれからも、路線に対する挑戦を受ける可能性を秘めながら進んでいかざるを得ないのだ。すべては現場が答えを出していく。

[1] 第20回党大会習近平政治報告該当部分：実践に終わりはなく、理論の創新にも終わりはない。常にマルクス主義の中国化と時代への適応の新しいページをつけ加えることは厳粛な歴史的責任である。

[2] 日本経済新聞　2022年12月30日付『中国、個人SNS影響14倍　微博を日経分析　政府系より拡散で「愛国」先鋭化　「炎上」頻発、陰謀論も』

第4章　人間・習近平の「思考様式」を生い立ちから読む

第４章　人間・習近平の「思考様式」を生い立ちから読む

中国観察の鍵

ものごとは全体像をつかむことで正確な対応が可能となる。外交も同じことだ。相手の国、相手の組織、そして交渉相手を徹底的に分析し、その正確な全体像をつかむことが、ベストの結果をもたらす。全体像をつかまなければ、成功に導く戦略や戦術は生み出せない。中国とどう付き合うかを考える場合も同じことが当てはまる。だが中国の全体像をつかむことは簡単ではない。中国のすべての面を理解し、それらを有機的、立体的に再構成して、中国はこうであり、だからこうなると結論づけるのは至難の業なのだ。それほど中国は複雑であり、多面的であり、しかも急速に変化している。

長い間、中国という国と社会を観察してきて、中国の全体像を知る近道は、中国共産党が自分の国の現状をどう理解し、中国をどこに持って行こうとしているかを理解するのが基本だと分かった。なぜなら共産党が一番多くの情報を持ち、それをよく分析し対策を立て、しかも結果を出す力を持っているからだ。改革開放時代の40有余年の成功は、そのことを示している。こちらが中国の問題に気づいたときには、共産党は大体、その対策まで考え出している。

現在、その中国共産党に対し圧倒的影響を及ぼすようになったのが習近平である。毛沢東や鄧小平の時代に近くなってきたということであり、トップの意向とそれを制約する要因分析が中国観察の鍵となる。政治の本質は万国共通だ。日本の政治を永田町から観察すると、政治家の個人的な要素の与える影響の大きさが分かる。ましてやトップへの権力集中が強まっている中国だ。人間・習近平への一層の理解がますます重要とならざるを得ない。

父・習仲勳

自分の生い立ちと、その後の経験から影響を受けない人はいない。習近平は、政治局委員まで務めた習仲勳と、母親である斉心の長男として1953年6月、北京で生まれた。父親の習仲勳は、陝西省など中国の西北地区で若くして頭角を現し、52年に中央に抜擢され、53年9月、国務院秘書長（日本の官房長官にあたる）に昇進した。59年4月には副総理を兼任し、国務院の日常業務の責任者となった。周恩来国務院総理の全幅の信任の証《あかし》であり、中央においてしっかりとした地歩を築いたことの証でもあった。しかし62年、習仲勳が西北地区で仕えた劉志丹をめぐる政争に巻き込まれ、失脚した。そこに文化大革命が始まり、習仲勳の苦難の時代は、78年に広東省の指導者として復活するまで16年間続いた。

80年、広東から中央に呼び戻され、81年、共産党の要である中央書記処の書記に就任した。82年には胡耀邦が党の総書記に就任すると同時に、政治局委員に選任され、中央書記処の日常業務の責任者となり、胡耀邦を全面的に支えた。しかし87年、胡耀邦は民主化問題や長老への対応をめぐり厳しい批判にさらされ、最後は鄧小平に切られた。習仲勳は胡耀邦批判の大合唱の中で、敢えて胡耀邦を弁護した。鄧小平との関係も緊張し、88年に全国人民代表大会常務副委員長という閑職に追いやられ、93年にはすべての公職を離れた。

習仲勳は、貧農の家に生まれ、共産党に育てられ、全中国の指導者となった。有能であるとともに、共に働いた指導者に恩義を尽くす人であった。62年の時も、87年の時も、自分の尊敬する上司を批判して生き延びる道はあった。だが、それをしなかった。習仲動は子供たちに「自分は何の富も残さなかったが名声だけは残した」と語っていたという。自分のやってきたことに対する強い自負を感じる。この習仲勳の自分を厳しく律し、党や指導者へ忠誠を尽くし、国家、国民に奉仕しなければならないと考える姿は、どこか習近平の党員への要求と重なる。

母・斉心

母親の斉心は、北京大学出身の高級官僚を父に、裕福な商家の娘を母に、1926年、その次女として生まれた。37年の盧溝橋事件により、日中の全面的な戦争が始まり、彼女の生活する河北省などは、日本の対中侵略の最前線となった。8歳年上の姉がすでに共産党に参加していたこともあり、姉の属する抗日組織に飛び込んだ。だが、あまりに若すぎるというので、14歳の時に党の学校に入るために延安に送られた。父親の政治的地位と、母親の実家の財力を考えれば、あの時代であっても豊かな生活は続けられたはずである。にもかかわらず斉心はそれを捨て、抗日運動という厳しい将来を選び、共産党を選んだ。斉心、そして斉心に大きな影響力を及ぼした姉の強い愛国心と志の高さを感じる。

その延安で、斉心は、すでに指導者の地位を確立し、党学校とも関係のあった習仲勲と出会い、44年に結婚した。そして習仲勲の政治的浮き沈みを共に経験し、多くを学んだ。「街の噂」では、２００７年に習近平が政治局常務委員となり次の指導者となることが明らかになったとき、斉心は一族郎党が企業と関係することを禁じ、12年にトップになったときには、すべての所有株の売却を命じたという。さらに一族郎党全員を深圳の一角に住まわせ、自分の管理下に置いたという話も聞く。習近平の足を引っ張る者が出ないようにしたのだ。

文革の評価は

この両親の存在が、習近平の人格形成に影響を及ぼさないはずはない。そしてもう一つ、13歳のときに遭遇した文化大革命が、習近平の人格形成に決定的影響を与えたことも間違いない。１９６６年に始まり10年間続いた文化大革命は、中国のすべての人々を直撃し、多くの悲劇と犠牲者を生んだ。習近平は68年、15歳のときに陝西省の片田舎の貧しい農村に下放され、そこに22歳までいた。この習近平をはじめとする紅衛兵世代にとり、毛沢東の位置づけは微妙である。毛沢東を崇拝したが故に、毛沢東の呼びかけに応じて立ち上がった少年、少女たちは紅衛兵と呼ばれ、一躍、文化大革命の中心に躍り出た。しかし紅衛兵による既存組織の破壊があまりにも徹底的だったため、今度は農村に下放された。そこには多くの苦難と悲劇が待ち受けていた。彼らの両親の多くも、文化大革命の被害者であり、多大な犠牲を強いられた。だから中国共産党は、文化大革命直後の「歴史決議」において、文化大革命は間違いであったと公式に認定した。

だが紅衛兵世代にとり、毛沢東は桁違いのカリスマ性を持つ、輝ける偶像であった。文化大革命が目指そうとした公平で清廉な社会の建設という方向性自体は間違ってはいない。鄧小平路線が作り出した中国の現実を見れば、ついつい毛沢東路線に引かれてしまいかねない。貧富の格差は拡大し、腐敗汚職は蔓延し、管理は弛緩し、国民の安心・安全は脅かされる。これが胡錦濤政権末期の中国の実情であった。そのときに、紅衛兵世代にとり、毛沢東路線の「光」の方が、その「影」よりもさらに大きな魅力として映ったとしても理由のないことではない。

特に習近平は、下放の翌年から75年に北京に戻るまでの6年間、下放先の人民公社（陝西省延安市延川県文安駅公社）の下部組織である生産大隊の党支部のトップ（書記）を務めている。貧しい生活を送ったことは間違いないが、農村で迫害された他の都市出身の青年たちとは境遇が異なる。文化大革命により習近平の両親は苦難のときを過ごしたが、習近平自身は、統治機構の末端にいて、それを支えていた。陝西省が父親の故郷であり、多くのかつての部下や支持者がいたことも、習近平の現地での処遇に関係しているのだろう。逆に、だからこそ陝西省に下放されたともいえる。文化大革命に対する習近平自身の評価は、多くの文革世代と異なる可能性もあるのだ。

「政治・イデオロギー重視」の修正が難しい理由

習近平は、75年に北京に戻り、清華大学で学び始める。翌76年に毛沢東が死去し、文化大革命を推進してきた江青（毛沢東夫人）などの「四人組」が逮捕され、文化大革命が終わった。79年、人民解放軍の中枢である中央軍事委員会弁公室の秘書に抜擢される。この時の弁公室主任は、元軍人で外交でも活躍した耿飈《こうひょう》であり、81年には国防部長に昇進した。この年、父親の習仲勲は広東から党中央に戻り、翌82年には胡耀邦総書記の右腕の地位を確保している。習近平は、このまま中央でエリートコースを歩むことも不可能ではなかったのだ。だが中央での栄達の道は選ばず、82年、河北省の県の副書記として中央を離れた（その後、書記に昇進）。85年、福建省に移った。厦門《アモイ》市の副市長を皮切りに2002年、福建省長の任を解かれ、浙江省に赴くまで、実に17年間を福建省で過ごしている。陝西省での原体験に加え、福建省のキャリアパスを昇っていくことで、習近平は、他の国家指導者と比べ地方の末端の状況をより深く理解している。内政に関して言えば、地に足がついているのだ。

03年、浙江省の書記に就任する。私が北京に着任した06年当時、習近平は李克強遼寧省書記、薄熙来商務部長、汪洋重慶市書記ほどの名声を得ていなかった。しかし、それはチャイナ・ウォッチャーたちのミスであり、中国の世評のミスでもあった。07年8月、『之江新語』という本が出版されている。著者は哲欣となっているが、習近平のペンネームである。03年2月から07年3月まで、浙江日報に投稿された232編の短い評論を一冊にまとめたものである。そこには浙江省の現実の中で、当時の総書記胡錦濤の指導方針をいかにして貫徹するか、指導幹部のあるべき態度と思想とは何か、党員の修養として特に権力と利益の関係を正確に処理し、人民への奉仕を旨とすべきこと等が述べられている。つまり習近平は浙江省のナンバーワンになり、自分の意思と判断と責任で物事を動かせるようになった途端に、自分の考えとやり方を明確に打ち出し始めていたのだ。12年秋の第18回党大会において総書記に就任して以来、次々に打ち出された新しい国政理念や戦略の出発点は、福建省と浙江省時代の経験と思索にあるという指摘も、あながち的外れとは言えない。

わずか半年の上海市書記を経て、07年秋の第17回党大会において一気に政治局常務委員会委員に昇進し、しかも呼び声の高かった李克強を抑えて次期指導者の地位を確保した（政治局常務委員会委員だけは序列順で発表され、李克強の上位につけた）。浙江省時代の準備期間に加え、さらに5年間の準備期間を得たことになる。12年秋、総書記就任後に次々に打ち出した新たな方針や政策の中身にわれわれは驚いたが、習近平は事前に十分な準備をしていたのだ。その原点が、浙江省の約5年間の施策と実践にあった。前章で触れた「習近平思想」の形成は、中南海にいる王滬寧《こねい》をはじめとする理論家の貢献も大きいが、習近平自身の考えが、その基本にあると見ておくべきであろう。そうであればあるほど、毛沢東がそうであったように、政治・イデオロギー重視という現行路線の修正は難しくなる。

現実から切り離された「思考様式」の懸念

私は、習近平主席とは浙江省、上海市の時代に3度会食をする機会を持った。09年の国家副主席としての訪日時には、日本政府の首席接伴員として全行程に同行した。私の習近平氏に対する印象を、拙著『習近平の中国』から引用すると、「決して饒舌な人ではない。むしろ人の意見を聞く方だ。それに胆力を感じる。私の習近平に対する印象は『中国流の大人《たいじん》だな』というものだ。少なくとも江沢民や胡錦濤よりは、その感じを強く持った。（中略）組織をたばねる度量や胆力の面で、習近平にはより大きなものを感じる。（中略）〝政治家の力量〟と呼ばれるようなものを習近平には感じるのだ」となる。

日本訪問時に同行していた中国側随員はかなりリラックスしていた。商務部長時代の薄熙来と私の会見に同席していた商務部幹部が極度に緊張し、ピリピリしていたのとは大違いだ。同時に習近平は指示したことには敏速に結果を出すことを求め、この点は厳しかったと浙江省時代の部下は語っている。

どの国、どの組織においてもトップに行けば行くほど、届く情報は少なくなる。浙江省時代、あれほど現場視察を重視し、率直な意見を歓迎していた習近平が、今や中国の現実から切り離されてしまっているようにも見受けられる。そうなればなるほど中国の政策や行動に、現実とは乖離した習近平自身の思考様式の影響が出てくる。この10年を見れば、習近平は、基本的には強く出ている。柔軟、中間、強硬の3つの選択肢があれば、ほぼ例外なく強硬な選択をしている。この傾向は中国の国内政策もそうだが、それ以上に米中関係への影響が心配される。習近平のこれまでのキャリアは、地方、それも行政より党務に偏っており、最も縁遠かったのが外交である。米国自身、賢い対中外交を難しくする国内政治をかかえており、習近平の中国も賢明に対応する保証はない。米中関係は正に危機なのだ。

第5章　習近平は米国の本当の「怖い顔」を知っているか

「優しい顔」と「怖い顔」

２００１年の９・11米国同時多発テロ事件の発生から20年以上が経過した。米国と世界に大きな影響を与えたこの大事件は、米中関係にも大きな影響を与えた。この事件さえなければ、あの時点で、米国の対中姿勢に、かなりの修正が行われていた可能性があったからだ。修正が行われなかった結果、世代交代が進むごとに、中国側の対米認識はかなり甘くなってきた気がする。

毛沢東、周恩来、鄧小平などは、朝鮮戦争を戦い、米国の「怖い顔」を知っていた。江沢民以降の中国指導者は、１９７２年の米中共同声明以来の米国の「優しい顔」しか見てこなかった。米国がもう一つの「怖い顔」を持つことをあまり自覚していないように見受けられる。それでも江沢民、胡錦濤は、米中の国力差が大きかったため、米国の主張に中国も配慮した対応をした。それが、爪を隠し時間を稼ぐ「韜光養晦《とうこうようかい》」の外交政策の求めるものであったからだ。

「優しい顔」とは、米国が中国の立場に最後は歩み寄るという意味だ。例えば人権問題についても、提起しないか、提起しても、そのうちウヤムヤにする。台湾問題でも、最後は中国の立場に一定の配慮をして、事案を終わらせる。米ソ冷戦時代は、米中は対ソ共同戦線を張っていたので、中国の立場に配慮する必要があったことはよく分かる。だが、トランプ政権の成立まで、米国はこの姿勢を続けた。これは日本という第三者からの見方であって、肝心の中国は、米国に折に触れ相当ひどい悪さをされてきた、だから信用できない、米国は国益を踏まえ本気で中国に向かってきていると思っていたことだろう。だから「怖い顔」の米国を想像もしなかったということになる。「怖い顔」の米国は、自分の言うことを聞かせるために遠慮なく腕力も使うし、あきらめない。米国の地位が挑戦を受けていると判断したときには、全力を挙げてあらゆる手段を動員して押さえ込みに入る。日本も、日米貿易摩擦のときに「怖い顔」の米国を部分的に経験した。

９・11で先送りされた「優しい顔」からの方針転換

現在の中国指導部の対米観が甘いと感じる理由は、米中関係の歴史を辿《たど》るとよく分かる。1972年のニクソン訪中により、米中関係は、それまでの「敵」から、ソ連という共通の敵に立ち向かう「友好国」ないし「準同盟国」へと180度転換した。以降、米国は中国に「優しい顔」を見せ続けた。そのソ連は、85年にミハイル・ゴルバチョフが書記長となり、91年末には崩壊した。中国は89年の天安門事件を経験したものの、92年、鄧小平は南巡講話を出し、再び改革開放の方向に舵を切った。爪を隠し時間を稼ぐ「韜光養晦」の外交政策を進めたのだ。ここで米国は、中国の位置づけを再確認する必要があったが、結論は、中国が台頭しても問題はないというものであった。ブッシュ・シニア政権（1989―93）の時代であり、関与政策を続けることにより中国は国際社会の平和と発展に積極的に貢献する国になる、経済が発展し中産階級が育てば、いずれ民主化に向かうだろう、という楽観的想定に立っていた。米国は引き続き「優しい顔」を見せることにした。

実は、ここから現在に至るまで、1回だけ米国の政策の転換が実現に近づいたタイミングがあった。それは95年、96年の第三次台湾海峡危機に始まる21世紀への端境期のことだ。李登輝の実務外交にいらだっていた江沢民の中国は、95年7月、台湾近くでミサイル演習を行い、その後も軍事演習を継続した。96年3月、台湾では初めての総統直接選挙が行われる直前、中国は台湾の主要な港である基隆と高雄の沖合にミサイルを打ち込んだ。これにクリントン政権（1993—2001）の米国は強く反発し、空母戦闘群の派遣を決めた。中国はさらなる軍事演習で応じ、米国はもう一つの空母戦闘群の派遣決定で対抗した。中国は、さらに軍事演習を強化したが、米国は二つの空母戦闘群の台湾海峡通過を決行した。中国は何もできずにそれを座視するだけであった。

表向きの強がり姿勢とは裏腹に、米中は共に戦争の淵にいたことを思い知らされ、戦争にならなかったことに心底、胸を撫《な》で下ろした。これを契機に米軍に対抗し米軍を台湾に近づけないために人民解放軍は大軍拡を加速する。このとき米国は、中国の台頭を視野に入れ、少なくとも安全保障の観点からの政策調整は可能であった。台湾海峡危機を契機に、米国における対中警戒感は増大していたからだ。

香港や北京に駐在したことのある二人の記者、リチャード・バーンスタインとロス・マンローが『やがて中国との闘いがはじまる』を書いたのは97年であった。米議会は、98年の国防授権法において、国防総省に「中国の将来の軍事能力と戦略」に関する報告書の作成を命じた。2000年の国防授権法では「中国の軍事力・安全保障の進展に関する年次報告書」の提出を命じ、今日まで続いている。議会は台湾の将来を心配し、中国の軍事大国化を懸念していたのだ。2000年に中国のWTO（世界貿易機関）加盟を認める決定をしたときのクリントン大統領のスピーチにも「とても多くの米国人が、21世紀になって、強くなった中国の与える衝撃を心配している」との言及がある。しかし実際には、クリントン政権は、むしろ対中関係改善を志向した。

2001年、ブッシュ・ジュニアが大統領に就任した。彼のチームが信奉する新保守主義（ネオ・コンサーバティズム＝ネオコン）の中身を理解するのに少し時間がかかったが、安全保障を重視し、保守的なイデオロギーを重視し、米国第一の対外姿勢であることはすぐに分かった。同年9月11日の米国同時多発テロがなければ、米国の対中認識と対中姿勢は、この段階でもクリントン政権の対中宥和から転換され、中国の軍事的台頭を簡単に許さない対応をした可能性は高い。だが9・11事件は、米国のすべての関心とエネルギーをテロリズム撲滅に向かわせた。アフガニスタン、そしてイラクへの軍事介入に突き進んでいった米国にとって、国連安全保障理事会で拒否権を持つ中国の協力は不可欠であった。新保守主義のブッシュ・ジュニア政権時代（2001―09）でも、基本的にはクリントン政権の対中協調政策を踏襲した。それをオバマ政権（2009―17）も踏襲した。中国は米国の「優しい顔」を眺め続けることになった。

危機対応を左右する大統領の「人間力」

ブッシュ・ジュニア政権登場前後のことを詳述したのは、私が歴代の米国大統領を観察して、大統領個人の資質が外交に与える影響の大きさを強く感じてきたからだ。ドナルド・トランプ大統領には、別の意味で、そのことを納得させられたが、危機、とくに安全保障がらみの危機においては、指導者の人間力が試される。

１９３８年のミュンヘン会談でネヴィル・チェンバレン英国首相は、ズデーテン地方のドイツ併合を主張するアドルフ・ヒットラーに譲歩し、同時代、そして後世の批判を浴びた。チェンバレン辞任後の首相がウィンストン・チャーチルでなければ、英国の対独戦争の勝利も難しかったであろう。私の経験した歴史の中でも、ジミー・カーターが大統領でなければ、米国は１９８０年のイラン米国大使館の人質救出作戦に失敗しなかったであろう。あるいはロナルド・レーガンが大統領でなければ、ソ連の崩壊はなかったかもしれない。つまり危機の際、あるいは危機が予見される際に、米国が断固とした姿勢をとれるかどうかは大統領の資質に負うところが大きいのだ。１９６９年以来、外務省での仕事を通じ体験してきた米国大統領の中で、そういう資質を持っているなと感じたのは、リチャード・ニクソン、ロナルド・レーガン、ジョージ・W・ブッシュ・ジュニアだけである。俗な言葉を使えば「喧嘩上手」ということになるかもしれない。

ニクソンは、対中国交正常化を始めた本人だ。上記の通りレーガン時代までは、中国は対ソ関係における「友好国」であった。中国自身の経済力、軍事力も取るに足りなかったので、ここまでは「優しい顔」で良かったと言える。ただし、ブッシュ・ジュニア大統領が先送りにした中国対策の調整は、その後の米中関係に見逃せない影を落としてきた。

アフガニスタンからの米軍撤退が完了し、20年にわたる米国の中東への関与が失敗であったことが示された。それを始めたブッシュ・ジュニアと彼のチームの戦略的判断に対する信頼性の問題は残るとしても、9・11事件がなければ少なくとも、軍事面において中国の台頭のスピードに合わせた対抗策は採り得ただろう。今日のような東アジア戦域における中国優位という軍事バランスにも簡単にはならなかったはずだ。軍事面で、中国の台頭にしっかり対応してこなかった歴代大統領と国防総省の責任は重い。

それではジョー・バイデン大統領はどうか？　藤崎一郎元駐米大使は、バイデンが何度も人生の挫折を乗り越えてきた強さを指摘する。そして外交のプロであり、「空気を読んだり、誰が言ったかにあまり左右されたりしない。事実を集め、自分の頭で考え論理を追求する」が、「基本的には安定を重視し慎重な姿勢を取る」（『文藝春秋』21年5月号）と書いている。だがアフガニスタンからの短兵急な撤兵やウクライナに対する早すぎる不介入宣言を批判する声もある。それでも中国との大国間競争に勝ち抜くというバイデン政権の基本姿勢は打ち出された。それに議会を含むワシントン全体の対中姿勢はさらに厳しい。米国側から対中基本姿勢を緩めてくることはない。

習近平の第2期政権（２０１７―22）において顕著になった米国への対抗姿勢は、第3期政権に入り修正の気配も見えてきた。このことについては終章で詳しく触れることにする。

第6章　「乱から統へ」中国のガバナンス移行は奏功するか

中国の官僚機構の特徴

米国の中国語紙の論評（2021年10月26日付『多維新聞』「中国共産党の難題：止まないガバナンスの〝一刀切〟」）に面白い表現があった。それは「緩めれば直ぐに活き（活発になり）、活きれば直ぐに乱れ、乱れれば直ぐに統《す》べ（統制を強化し）、統べれば直ぐに死ぬ」というもので、これに「死なないように緩めれば」という言葉を継ぎ足せば、最初とつながってしまう。終わりは来ないのだ。中国共産党のガバナンスというものの本質をうまく描いていると思う。「一刀切」とは、刀でバッサリ切ることで、複雑さや、ことの軽重と関係なく、一律に処理してしまう中国の官僚機構のやり方をよく表している。

この中国のガバナンスの特徴をつかまないと、中国の動きの本当の意味が分からなくなる。毛沢東が計画経済にこだわり、統制を強化した結果、経済は死んだ（政治とイデオロギーを強調し、文化大革命という大混乱を引き起こした）。鄧小平と江沢民が経済を「緩めた」結果、経済と社会は活性化した（1989年の天安門事件のせいで政治は引き締められ、政治の民主化は停滞した）。緩和のおかげで経済も社会も「乱れる」のだが、胡錦濤は権力の掌握が不十分で、統制を強化できなかった（政治の民主化の努力はしたが、成果は乏しかった）。腐敗は蔓延し、社会の規律はさらに乱れ、経済は野放図に発展した。統制が不十分で「乱」を退治できなかったのだ。

これに対する共産党としての答えが、トップ、すなわち習近平に権力を集中させ統制を強化するというものだった。共産党の現在の統治システムでは、それ以外の方法を想定していないからだ。習近平は大方の想定を超えて権力を集中し、集中した権力で統制を強化し、党中央の言うことを党の末端のみならず、社会全体に聞かせようとしている。

ジグザグ行進を進める中国経済の現場

この中国のガバナンスのフェイズが、「乱」から「統」に移ったこと、および政策の重点が「経」から「政」にシフトしたことが、経済の現場において軋轢を生み、混乱が生じている大きな背景にある。これが国家政策次元での「大循環」なのだが、さらに、その中の個別の分野や政策においても「小循環」は起こっており、そこでも緩和と引き締めは繰り返されている。しかも「一刀切」でバッサリとやってしまう。これを短い期間に次々とやるものだから、外からは大変な混乱と動揺が起こっているように見えてしまう。アリババやテンセントといったプラットフォーマーの扱い、学習塾のまさに一大整理、恒大集団等の不動産市場対策などが、その典型的な例だ。

しかし、中国の現場からは別の姿も見えてくる。

それは一つには、中国の大きさが日本式の微調整を不可能にしているからだ。方向転換をするときには大きく変えないと下はついて来ないのだ。中国の人たちは、日本人と比べものにならないくらい自分で判断して動く。共産党に引き連れられた羊の群れではない。微調整というのは白と黒がはっきりしない部分が多いということだ。そういうことでは自分の利益を放棄してまで、やり方を改める人はいない。大きく動かして、これは黒だと明示しなければならない。このやり方は、方向を再転換するときにも起こる。つまり中国は、日本からはとてつもなく大きなジグザグの線で進んでいるように見えてしまう。

二つ目は、官僚機構の未成熟であり、能力不足だ。個々人の能力不足というつもりはない。とにかく経済発展が速く、社会の変化も速すぎる。これに適応しながら最適の行政を提供することは至難の業だ。日本は明治１５０年を経過した。これだけの時間を使って近代化してきたということだ。中国が経済の近代化、現代化を始めたのは実質的には１９７８年からであり、わずか40有余年しか経っていない。それなのに日本の１９７０年代もしくは80年代の経済水準に達し、しかもかなりの分野で米国に挑戦するまでになった。この経済の実態に官僚機構は追いつけていないのだ。

党と政府は、さすがに時代の要請をキャッチし先導しようとしており、先進的な政策が次々に打ち出されている。だが、それを実施するのは、とりわけ地方の官僚機構の役目だ。ここが遅れているし、既得権益の網が覆いかぶさっている。つまり北京が打ち出す政策を見て中国経済を推し量ると、現場の実情と合わなくなるのだ。ただ、その地方の現場にも多くの優秀な若い官僚が育ってきている。彼らは現場育ちであり、しかも高学歴だ。理論も政策も分かり、しかも現場をよく知っている。中央の打ち出す、かなり慌てた、整合性のとれない政策を、現場で現場の要求する優先順位に沿いながら処理している。彼らが中央の指導者となる、10ないし20年後の中国は、今より遥かに優秀な官僚群が育っていることだろう。

三つ目は、中国共産党のガバナンスシステムは、一度に多数の目標を追求するのには適していないという点だ。昔からその傾向はあったが、習近平政権となり、トップの関心がどこにあるかが政策の優先順位を決める最重要の判断材料となっている。

21年9月の中国の電力不足がその例だ。習近平主席の、2060年までに二酸化炭素排出量を実質ゼロにするという国際公約は、21年から始まった第14次5カ年計画の重点項目となった。ここで実績を上げないと評価に響く。地方政府は、石炭使用量の制限に走った。そもそも地方政府による安い価格設定に不満な電力会社が、この習近平の国際公約を逆手にとって、石炭価格の上昇もこれあり、急速に石炭発電量を減らし始めた。経済がコロナから回復し電力需要は高まる。そこで電力不足が起こる。慌てた中央政府は、石炭の増産と石炭発電の許容量を増やすことを認めて当座をしのぐが、これでは習主席のメンツはない。そこで再度、もう少し上手な石炭使用の制限に動く。つまり日本のように、すべての要素を予め検討した上での「最適解」を求めて政策として打ち出す暇はなく、とにかく指導部の優先順位を重視し、場合によっては忖度し、行動に移してしまう。問題が出てくれば現場対応を続け、小循環内の小ジグザグ行進が続く。一息つくと政府の対応策が策定され、一応、落ち着き、次の問題が出るまで小康状態は続く。

「共同富裕」の真の姿はまだ見えていない

四つ目が、統制の強化と「経」から「政」にガバナンスの重点がシフトしたことに伴う影響だ。中国共産党内の思想は、大きく分けて「右＝改革派」と「左＝保守派」に分かれる。日本と逆なので戸惑うが、毛沢東路線を「左」に置いての右か左なので、「右」が鄧小平などの改革派になる。経済分野では市場重視論者が主流なので、改革派が多数を占める。「左」が毛沢東路線に引っ張られる保守派ということになる。政治・イデオロギー分野では「右」と「左」が拮抗していたが、習近平政権となりイデオロギーと上からの統制を重視する「左」が強くなっている。民主を重視してきた「右」は逆境にある。外交も国際協調派が「右」、国粋主義派が「左」という色分けは可能だ。「右」、「左」と言ったときに大体そういう大まかなグループ分けを想定している。この思想対立は今日も続いており、厳しくなると路線対立にまでなる。

改革派が進める国有企業改革が進展しないのも、巨大化した既得権益層の抵抗もあるが、社会主義を標榜するからには国有企業は重視されるべきだとの「左」の主張も根強いからだ。この左傾化の傾向は２０１７年からの習近平第２期政権において顕著であったが、２０２２年の党大会を経て第３期政権が始まるとともに若干の修正が施されている。経済の実態が悪いことの反映でもあるが、同年12月の中央経済工作会議において民営企業の発展支援の方針を再確認するとともに、国有企業改革を深化させ、〝真に〟市場メカニズムに基づいた運営を行うことを求めている［1］。

社会主義の理念である「共同富裕」の概念が、どの程度、経済の現場に影響を与えるかは、もう少し様子を眺めたら良い。第20回党大会報告でも、「中国の特色ある社会主義の本質的要求」ではあるが、「長期的な歴史的プロセス」でもある、とサラッと言っているだけだ。すべてが試行錯誤中なのだ。

恒大集団の破綻処理をどう見るか

以上で見てきた中国のガバナンスのフェイズの転換は、「産みの苦しみ」という側面を併せ持っている。産業の整理、高度化を伴っているからだ。たとえば恒大集団で有名になった中国の不動産業を見てみよう。

中国において土地は国有だが、経済発展とともに土地という生産要素を市場に投入する必要が生じた。そこで80年代に土地の「使用権」という概念を導入し、徐々に不動産市場が出来上がった。中国経済の現場を任され、すべての結果に責任を持たされるのは地方政府である。2017年に量から質へと経済の大方針が転換されるまでは、量、すなわち経済成長が重視され、地方指導者の成績評価とも連動した。成長のためには資金が不可欠だ。独自の税収が限られ中央政府からの補塡が甚だ不十分な中で、地方政府にとり土地は無から有を生じる打ち出の小槌となった。土地は地方政府が実質的に所有しており、土地使用権の売却により豊富な開発資金を手にすることができたからだ。金融機関の不動産分野に対する融資も急増した。90年代から、中央政府は一方で投資主導の経済を進めながら、同時に危機が起こるたびに金融と不動産の制度構築と管理強化に努めてきた。

しかしこの分野は成長のエンジンであり、とりわけ地方政府は、最後には業界をかばってきた。さすがに金融システムの崩壊はまずいというので、急速に制度設計が進められ、管理が強化された。とり残されていたのが不動産業であり、ここ数年、不動産価格と企業の健全化のための措置がとられてきた。その波に乗った企業は選択と集中を図り、効率化を進め、より強い企業に再生している。真逆を行ったのが、強烈な個性を持つ創業者率いる恒大集団であり、むしろ事業の多角化と拡大で対応しようとした。そして行き詰まった。中国政府は、国内の金融システムを護り、国際経済へのインパクトを最小にし、国民生活を直撃させない形で本件を抑え込むことにした。現に国民生活を直撃する不動産部門については、個別事業が存在する各地方政府に対し適切な対応を指示している。

恒大集団の破綻処理を巡って、たとえば「習近平は恒大を救わない。なぜならば自分に連なる人脈の企業ではないからだ」、「土地売却収入に依存する地方政府の状態を正す意図に注目すべきだ」、「不動産バブルというリスク要因を解消すると同時に公定地価の導入や入札価格の指導など〝中国式資本主義〟への移行を図るのではないか」といった様々な見方があるが、一面的に過ぎる。基本は、「乱」から「統」への移行である。あまりに乱れた業界の整理統合というのが、すべてを剝ぎ取った後に見えてくる骨組みなのだ［2］。

［1］２０２２年12月の中央経済工作会議においてプラットフォーマーの扱いも修正された。「現代化した産業システム」を構築するために、「デジタル経済の発展に力を入れ、……発展のリード・雇用創造・国際競争において、プラットフォーム企業が技量を大いに発揮することを支援しなければなら

ない」となった。22年4月以降の、プラットフォーム企業への取り締まり緩和・投資奨励の動きは継続している。

[2] 2022年12月の中央経済工作会議は、2023年の経済政策の重大問題の一つに「重大な経済・金融リスクの有効な防止・解消」を挙げ、リスクの最重点が不動産であることを明らかにしている。財務省出身の中国経済専門家の田中修氏は、今回の方針を「不動産企業の資金繰りを改善することにより、中小不動産企業の再編M&Aを促進するとともに、優良トップ不動産企業が経営破たんして業界全体の危機に発展することを防ごうとするものである。住宅需要サイドとしては、引き続き投機を防ぎ、地方から都市に転入してきた労働者とその家族(新市民)、及び大学卒業生のハードな住宅需要と、都市住民の改善関連住宅需要が支援対象となる」と解説している。

第7章 「権力集中」と「党内民主」のせめぎ合いの行方は

波瀾を避ける道は？

習近平は、2007年の第17回党大会において、平の中央委員から政治局を飛び越して党の最高指導部である政治局常務委員会入りを果たした。しかも翌年、国家副主席に就任し、次の総書記就任をほぼ確実にしたと見られていた。ところが12年の第18回党大会を前に、習近平の総書記就任を阻む動きがあり、それがその後の薄熙来、周永康、令計画の排除となった。共産党は分裂の危機に直面していたのだ。江沢民と胡錦濤の、20年以上にわたる積み重ねで出来上がった最高指導者の交代のレジームがあったにもかかわらず、このように揉め、党は大きく動揺した。ソ連共産党もそうだったが、トップに権力が集中する政治システムにおける平穏な政権委譲は容易ではない。統治のアキレス腱と言っても良い。

それに加え、習近平は18年の憲法改正により国家主席の2期10年の定年制を廃止した。

党総書記3選へのレールを敷き、それまでの最高指導者交代のレジームを反故《ほご》にする動きに出たのだ。ルールがなくなってしまった習近平後の指導者移行は、波瀾含みとならざるを得ない。これを避けるには、毛沢東や鄧小平のようなドンとなり、死ぬまで影響力を及ぼすしかない。習近平の動きは、ここに向かっているように見える。

習近平の権力集中への動きは、2012年秋、習近平が総書記に就任して以来、すぐに始まっている。第1期は反腐敗闘争が要であった。確かに朋友王岐山の規律検査委員会書記としての活躍は際立っていた。彼がいなければ、短時間でこれほどの成果を上げることはできなかったであろう。これで習近平の政敵のかなりの者が倒され、かなりの者が震え上がった。政権の基盤は安定したのだ。しかし同じ時期に、反腐敗を使ってではあるが、人民解放軍の歴史始まって以来の大改革を実現している。徹底的に手を突っ込み、既得権益を粉砕し、システムを抜本的に改めた。それほど軍の腐敗と制度疲労がひどかったということだが、この功績の多くは習近平に帰する。

そして2016年の6中全会（第18期中央委員会第6回全体会議）において「習近平を核心とする党中央」の地位を手に入れた（これは胡錦濤より上だが、江沢民と同格）。17年の第19回党大会において「習近平思想」と称されるものが承認され、党規約にも書き込まれ、翌年、憲法にも書き込まれた。江沢民や胡錦濤がそうしてもらえたのが任期満了後であったことを考えると、任期の途中に、これを実現したのは、やはり習近平の政治力によるものである。第19回党大会では「習近平思想」だけではなく、「二つの擁護」（習近平を核心とする党中央の権威を擁護し、集中統一指導を擁護）も党規約に書き込ませた。これらを基礎に習近平第2期政権は始まった。

小泉純一郎元総理はかつて「自分は、政局に強い」と発言していたが、習近平も政局に強いのだ。どういうタイミングで何をやれば、あるいは何を我慢すれば、政局が自分に有利に展開するかという、ある意味での直感と行動力に優れている。決断力と実行力が求められる中南海の政局は、永田町の比ではなく、さらに凄まじい。その中で「習近平思想」と「二つの擁護」を党規約に書き込むことに成功したのだ。習近平の政治力と言わざるを得ない。

党の歴史を四つに区分した「歴史決議」

21年11月の6中全会（第19期中央委員会第6回全体会議）において「歴史決議」が採択された。過去二つの歴史決議は、それまでの路線の全面的、もしくは部分的な修正が主眼であった。現時点をとれば、大枠は鄧小平路線で進んでいると言えなくもない。客観的には鄧小平路線を大幅修正して新たな路線を打ち出す必要性はそれほど大きくない（鄧小平は毛沢東路線の3割を否定したが、7割は肯定しており、鄧小平路線は毛沢東路線をも含む）。にもかかわらず「歴史決議」にこだわり、そして通した。これも政治力の表れである。

「歴史決議」の内容に、そのこだわりの理由が隠されている。習近平は、中国共産党の100年を四つの時期に区分する。第一の民主主義革命期（1919―49）と第二の社会主義革命及び建設期（49―78）の二つを指導したのが毛沢東思想、第三の改革開放及び現代化建設期（78―2012）を指導したのが鄧小平理論だと位置づける。そして2012年、すなわち習近平が総書記に就任して以降を第四の「中国の特色ある社会主義の新時代」とし、それを指導するのが「習近平思想」だというのだ。つまり、これからを指導するのが習近平思想だということにした。

この思想を創りだしたのが習近平であり、党と国家を指導し、実施してきたのも習近平である、故に、これからも習近平の指導が不可欠であるという論法で、習近平の長期政権（少なくとも習近平思想を懸命に実行する政権）の存在が不可欠であることを示そうとしている。このロジックを権威づけるために必要な飾り付けが「歴史決議」であった。毛沢東、鄧小平と並び立つ指導者と言われるためにはこの決議が不可欠と判断したのであろう。このこだわりは尋常ではない。

「二つの確立」を勝ち取る

習近平は、「歴史決議」において「二つの確立」（習近平の党中央の核心、全党の核心としての地位を確立し、〝習近平思想〟の指導的地位を確立）を勝ち取った。共産党では全党が党中央に従うことになっており、「党中央の核心」だけで十分なのに敢えて「全党の核心」を付け加え、これでもかと習近平への忠誠と服従を求めている。

このように習近平は2012年以来、権力の集中に向かってまっしぐらに進んできたことが分かる。習近平が総書記に就任して間もなくの頃、習近平は毛沢東を超えたいと思っているという「街の噂」を耳にしたことがある。あの当時、あまりに非現実的なので冗談の類いだと思い、真剣に受け取らなかった。しかし、その後の経緯は、習近平が本気でそう思っていたことを示している。権力欲を批判するつもりはない。そもそも政治家とは権力を目指す人たちであり、権力欲がなければ話にならない。問題は権力を握った後、何をするかである。習近平は、多くの深刻な問題をかかえる党と国家の運営を任された。それを将来目標の再設定、統治システムの大幅修正、共産党の体質強化というやり方により中国を再出発させることを決めた。それは鄧小平が語らなかった時代に足を踏み込むことであり、その完成のためには長い時間がかかる。長期政権は不可欠であり、大改革をしようというのなら、それに見合った権力の集中が必要になる。習近平時代を振り返ってみると、こういう判断で、習近平への権力集中が計画的に進められてきたことが分かる。

「毛沢東の再来」には強い反発も

権力集中への動きは、党内において必ずそれを阻む動きに遭遇する。これを単なる権力争いと見ると、事態を著しく矮小化させる。そういう側面もあるが、より本質的には、党のあり方の問題であり、党規約に定める「個人崇拝禁止」や「集団指導制の堅持」という基本原則の修正に対し、多くの党員が納得していないことによる。共産党の統治システムにおいて権力をいかに制限すべきかという問題であり、習近平の権力集中の動きが、毛沢東時代の一人支配に向かいかねないことへの党内の懸念は大きいということだ。

中国共産党も「空気」社会なのだ。中国において中国の現実を最もよく理解し、中国の将来について最も真剣に考えているのは、共産党の中堅幹部たちだという話を聞いたことがある。彼らは、政策の実施にはトップに権力が集中する必要があることを、よく理解している。しかし、その権力が制限されなければならないこともよく知っている。多くの党員は毛沢東の再来を望んではいないのだ。

2020年に政治局が「中国共産党中央委員会工作条例」を採択した当時、この条例ができて総書記としての習近平の立場が大幅に強化されたという見方も多かった。だが、そうは読めない。「条例」という下位の規則になればなるほど、具体的な中身が問題なのだ。総書記の権限がどこまで拡大しているのか、何が追加されたのかがカギとなる。党規約には、総書記の政治局会議及び政治局常務委員会会議を「招集」する権限しか書かれていない。このとき条例で追加された総書記の権限は、これら会議の「議題確定権」だけであった。しかも「確定」であって「決定」ではない。ところが「政治局常務委員会会議は、決定するに際し、十分討論し、多数の項目に及ぶ場合は項目ごとに討論をし、決定しなければならない」などということも書き込まれている。これまでの習近平の議事運営に対する批判とも読める。

習近平側の権力集中を求める動きと、それに躊躇する党内世論との妥協により、ものごとは進んできたと見るべきなのだ。21年の「歴史決議」は、個人崇拝の禁止と集団指導制の堅持を明記する鄧小平の歴史決議を全面的に肯定している。この歴史決議の中に「個人崇拝禁止」や「集団指導制の堅持」がはっきりと書き込まれなかったのは、習近平が毛沢東時代の復活を考えているからであるという観測記事もあるが、穿《うが》ち過ぎだ。鄧小平の歴史決議を正面から肯定したことの重みは大きい。

「集団指導制」「個人崇拝禁止」は堅持

習近平への権力集中は一定の制約、ないし枠組みの下で進んでいるという見方は、第20回党大会の結果により大きく補強された。習近平の毛沢東化はさらに進むと予測する向きは多かった。だが人事で圧倒的強さを見せた以外は、一定の制約の存在を強く推測させるものであった。毛沢東への回帰を示す措置、すなわち党主席制の復活、毛沢東と同じ「領袖」という呼称の使用、固有名詞としての「習近平思想」の導入、「二つの確立」の党規約への導入［1］等が実現するのではないかという推測もあった。だが、これらはすべて見送られた。党規約が共産党の憲法である。党規約において集団指導制と個人崇拝禁止はしっかりと堅持された。共産党の基本的な体制は変えないということであり、集団指導と個人崇拝禁止を制度として堅持することが確認されたのだ。

もちろん、形式的に集団指導制が維持されたからといって、現在の政治局常務委員会がそのように運営されることを全く意味しない。これまでも常務委員会において習近平の意向が反映される度合いは確実に高まってきていた。習近平の側近たちからなる現在の政治局常務委員会は、これからさらに習近平の考え通りに運営されるだろう。また習近平が、これから立派な実績を積み上げることができれば、最終的に集団指導制が廃止される可能性もゼロではない。だが集団指導制が、党としてのあるべき制度として党規約に残っていれば、習近平の党運営が上手くいかないとき、本来の集団指導制に戻る路が残されていることになる。習近平式統治への真の挑戦は、権力集中のために犠牲にされてきた民主、特に党内民主から来る。管理強化と自主性の発揚は、いかなる組織でも持つ本来的矛盾だ。中国共産党も例外ではない。さらに統制を強め権力強化に進むのか、それとも党内民主を発揚して党の活性化を図るのか。習近平路線も岐路に立っているのだ。すべて、これからの実績如何だ。

［1］「二つの確立」に関して言えば、党規約には書き込まれなかったが、党大会報告に関する決議及び党規約修正案に関する決議において、長々と「二つの確立」の重要性と、真剣に実行する必要性が説かれている。一種の妥協として、党規約には入れないが決議では強調するという収め方をしたのであろう。

第8章　ウクライナ侵攻「ロシア」からどう距離をとるか

呼び起こされた「冷戦構造」

２０２２年2月24日、ロシアがウクライナを侵攻し世界は変わった。ウクライナ問題の帰趨は、リベラル・デモクラシーが作りだした第二次世界大戦後の世界秩序の運命を決める。それほど深刻な国際ルールの侵犯であり、それを国連安全保障理事会の常任理事国が、国際秩序の先進地域であるヨーロッパでやったのだ。

ロシアのウクライナ侵攻は、ロシアに対する欧米の姿勢を硬化させ、たちどころに東西冷戦時代の「西側」を復活させた。価値観と安全保障を共有する組織の再登場だ。しかもＮＡＴＯ（北大西洋条約機構）とＥＵ（欧州連合）には、すでに欧州にある多くの旧ソ連・東欧の国々が参加している。これに日本を含むその他の有志国も加わり、東西冷戦時代の「西側陣営」が、さらに大きくなって復活したのだ。

ロシアのウクライナ侵攻を中国は明確に非難することを避けた。「西側」は中ロの連携を強く意識した。軍事的に対立し、経済的に分断し、価値観でも鋭く対立した冷戦時代の構造が、中ロ対「西側」の構図に形を変えて復活し始めたのだ。確かにこの頃の中国の対外姿勢も問題であり、2020年のコロナ危機を契機にさらに先鋭化し「戦狼外交」と呼ばれるものになっていた。刺激的な言葉で中国と「西側」との違いをことさら強調し、対中認識を大きく悪化させた。これに台湾問題をはじめとして厳しさを増す米中関係が加わる。

こういう構図になると、中国とロシアは当然、近づく。外交とはそういうものであり、中国とロシアは欧米諸国との関係において、お互いに「外交カード」として利用し合っている。ところが「外交カード」を現場で使ってきた者からすると、それはかなり心理的なものである。恐らく米中ロ三国首脳は、そうすることにより外交上、得点を稼いでいるという判断であろうが、実際は、国と国との関係は複雑であり、多方面にわたる。外交的な一つの動きが、自国の総体的な国益にプラスとマイナスの両面を持っており、計算は、そう簡単ではない。中国とロシアの関係も複雑であり、報道で目にする個々の外交的な動きが、複雑な国際関係の中で、実際にどのような役割を果たし、どの程度の効果を発揮しているのか、しっかりと検証していく必要がある。

中国の対ロシア観

中国とロシアの歴史は、両国を結びつけるよりは、警戒と対立に向かわせる。19世紀、ロシアは東方への拡大を続け、１８５８年、清朝は璦琿《あいぐん》条約の締結により、黒竜江以北の60万平方キロを割譲させられた。60年の北京条約では、さらにウスリー川以東の40万平方キロを放棄させられた（ちなみに日本の面積は37万平方キロ）。

中国において、この領土喪失の歴史的「恨み」意識は、ときどき顔を出す。たとえば２０２０年、ロシアの在中国大使館がウラジオストク市開基１６０周年を祝うＳＮＳ発信をしたのに対する中国社会の反発は大きかった。ウラジオストクがロシア語で「東方統治」という意味だということを知って反発したのだ。刺激的なコメントで有名な『環球時報』の胡錫進編集長（当時）でさえ、領土問題は蒸し返してはならないと、あわてて止めに入ったくらいだ。これ以外にも、１９４５年に旧満州、現東北地方に攻め入ったソ連軍の行為、中ソ「蜜月時代」のソ連の立ち居振る舞いなど、今日まで語り続けられているソ連への恨み節は多い。中国社会の対ロシア観は、決して良好なものではない。

1917年、ロシア革命が成功し、21年、中国共産党が創設された。49年に中華人民共和国成立後も、ソ連共産党は強い影響を及ぼし続け、兄弟党として中国はソ連の無理を聞き、ソ連の指導に従い続けた。

53年にスターリンが死去し、56年に後継のフルシチョフが公然とスターリン批判を始めた。スターリンと自分を重ね合わせていた毛沢東は、ソ連共産党批判を強め、中ソ対立は徐々に表面化していった。小競り合いが続いていた国境紛争も、69年に軍事衝突となり、ソ連による中国への核攻撃もささやかれた。毛沢東は米国との連携を選択し、72年の上海コミュニケとなり、米中が連携してソ連と対峙する構造となった。

78年に大きな政策転換を行った中国は、経済発展を最重要課題と位置づけ、そのために平和な国際環境を必要とした。82年にソ連との関係改善の動きが始まり、89年、天安門事件直前にゴルバチョフが訪中し、中ソ関係は正常に復した。ところが91年にソ連は崩壊する。その直後にロシアと関係継続を確認し、関係改善は着実に進んだ［1］。

対米関係ではお互いを利用

この中国にとってのロシアの位置づけの変化は、米中関係の変化と密接に関わっている。ソ連という共通の脅威を前に米国と手を結んだ中国は、ソ連の崩壊により、米中関係の真実に直面せざるを得なくなった。ソ連の脅威がなくなれば、浮かび上がってくるのは米国の存在であった。中国共産党を敵視して台湾の国民党を支持し続けたのが米国であり、1989年の天安門事件の裏には米国の策謀があったと共産党は信じている。米国をはじめとする西側諸国は、平和的手段を使って共産党の統治を終わらせようとしているという「和平演変」論は、共産党の確信でもある。

78年以来、中国は経済発展のために米国との関係を悪化させるわけにはいかなかった。それ故に低姿勢で爪を隠す「韜光養晦」政策をとることを鄧小平は命じた。しかし米中関係は、台湾問題や人権問題を理由に折に触れて緊張した。その米国を掣肘できる数少ないカードがソ連であり、ロシアであった。個別具体的な利益もさることながら、ロシアを使って米国に対するポジションを強化することが、対ロ関係における中国にとっての最大の判断基準となった。

ロシアにとっても中国はやっかいな存在である。2004年に4300キロに及ぶ国境の完全画定に合意したが、それだけ長い国境線を有しているということでもある。ロシア極東部は、土地面積ではロシアの36パーセントを占めるが、人口は644万人とわずか4・5パーセント、GDPシェアでも4・7パーセントに過ぎない。

ロシアは中国により極東部の安全が脅かされ、経済が蚕食されることをずっと恐れてきた。10年に極東軍管区に代わり新設された東部軍管区は、管轄区域を拡大し中国との東部国境全体を一元的に管理する体制に変えた。2000年代に入ってからの中国の急速な国力の増大と、ロシアの相対的な凋落は、ロシアに新たな不安を呼び起こしている。20年のGDPは中国の約10分の1になってしまった。ロシア自身、10年以降、中国が最大の貿易相手国となっており、中国との経済関係はますます重要となってきている。唯一、ロシアが勝るのは軍事力であるが、それさえも中国の追い上げは著しい。中国への過度の依存は、ロシアを中国の従属国家にしてしまうという恐れは強い。

中国に対する不安は旧ソ連諸国への中国の浸透にもある。とりわけ中央アジア諸国への中国の影響力増大は、ロシアの安全保障にも直結してくる。諸手を挙げて中国の一帯一路構想を支持しているわけではない。ウクライナ問題も複雑だ。中国はギリギリのところではロシアを支持するが、ウクライナとの関係強化を怠っているわけではない。中国の最初の航空母艦「遼寧」をウクライナから購入したように、旧ソ連時代に培われたウクライナの軍事技術には強い関心を持っている。ウクライナも中国との政治経済関係の強化を願っているし、中国も一帯一路構想へのウクライナの積極的参加を望んでいる。ロシアは、そういう中国を苦々しく思っているが、利害が錯綜し、ときには害の方が大きい対中関係であっても、欧米に対するポジションを強化するためには中国という駒しかないのだ。

「対ロ関係」と「外交原則」の間で

習近平政権の対応のブレは、ウクライナ問題の構図から来る。筋論としてはロシアを支持できないが、ロシアとの良好な関係の演出の持つ魅力にも抗しがたいという二律背反性を有する。

ロシアのウクライナ侵攻直後の22年2月25日、習近平はプーチンと電話会談を行った。習近平の立場は、会談後の発表を読めば、ある程度は分かる。習近平は次のように発言したと中国側は発表している。

中国は、ウクライナ問題自体の是非・善悪（是非曲直）に基づき立場を決める。冷戦思考を捨て、各国の理にかなった安全に対する関心を重視し尊重し、話し合いを通じバランスのとれた効果のある持続可能な欧州の安全保障システムを作り上げるべきだ。中国側は、ロシアがウクライナと話し合いにより問題を解決することを支持する。各国の主権と領土保全を尊重し、国連憲章の趣旨と原則を遵守するという中国の基本的立場は一貫している。

これは人民日報をはじめとする中国メディアの中国語による報道の翻訳だ。中国国民にはこう伝えているということだ。中国が支持しているのはロシアのウクライナとの話し合いによる解決だけだ。ロシアのウクライナ侵攻は、中国の現時点での外交原則（主権・領土保全の尊重、国連憲章の遵守）に反する。基本は支持できないということだ。

もちろん、中国がロシアの楽観的なシナリオを聞かされて、表立って反対はしないと約束していたことはありうる。習近平政権は、現在の国際秩序を牛耳る先進民主主義諸国との関係が軋んでいく中で、ロシア・カードを必要とした。それは孤立を恐れる中国国民を安心させるためにも必要であった。ロシアとの良好な関係を演出する意味はあったし、ロシア支持を限りなく匂わせる対外宣伝もやった。

だが、ロシアが敗北したり経済で疲弊したりするのは困る。ロシア・カードが減価するからだ。それでも、ロシアとの良好な関係の演出には限界がある。22年3月1日、新華社は、ウクライナ外相との電話会談における王毅外交部長の発言を伝えたが、その中に、ロシア寄りのものはない。ロシアとウクライナの衝突を「痛惜」し、ウクライナ市民の被害への強い関心を表明した。中国政府の姿勢の変化は中国世論にも影響を与える。同年7月から9月にかけて言論NPOと中国側が共同で実施した世論調査においても、5割を超える中国側回答者がロシアの行為は間違っていると答えている。

ロシアを孤立させるべし

17年12月、米国は「国家安全保障戦略」を発表し、中国とロシアを並べて「米国の力、影響力及び利益に挑戦し、米国の安全と繁栄を損なっている」と断定し、全面的に対抗する姿勢を明確にした。この米国の基本認識の表明が、中ロ両国に対し明確な強いメッセージを送った。

これに対抗して、18年、再選（通算4期目）されたプーチン大統領は、習近平主席の積極姿勢に応え、中ロ関係の強化に歩み始めた。18年から中ロ関係は新しい段階に入ったと言われる所以《ゆえん》である。19年6月の中ロ首脳会談で「両軍関係の新たなレベルへの格上げ」を謳う共同声明が発出された。日本周辺の中ロ軍の新たな動きからも分かるように、軍事安全保障分野での協力は一段と強化された。

21年12月15日のプーチン大統領とのオンライン首脳会談は、習近平が国家主席に就任して以来、37回目の会談となった。バイデン大統領の「民主主義サミット」への対抗であり、欧米からの増大する圧力に対する両国の連帯の誇示でもあった。習近平は「中ロはさらに多くの合同行動をとり、さらに効果的に双方の安全保障の利益を擁護しなければならない」と述べ、軍事安全保障面でのさらなる協力を促した。

総じて、中ロ間には依然として利害の対立はあるものの、外交、軍事、経済の面で、中ロ連帯から最大限の利益を得ることが両国にとりベストであるとの判断があることは間違いない。

中国は全面的にロシアを支持する気もないし、ロシアと組んで「西側」と対抗し、世界を二分する考えも全くない。この構図は絶対に避けたいのだ。ロシアと組んでいると見られることで米欧の対中姿勢が一つになれば、中国への打撃は大きい。中国は、戦術的にはロシアを利用し、ときおり組んでいるような素振りは見せたりするが、戦略的にどう組み込むかは全く別の問題だということだ。微妙なバランスをとりながら、中国にとり最も有利な状況を作りだすように動くであろう。つまり中国に不利にならないようにロシアと「つかず離れず」の関係を続けることが、中国の方針だということだ。

その典型的な例を、2023年2月24日に中国が発表した「ウクライナ危機の政治的解決に関する中国の立場」と題する一文に見ることができる。国連憲章と国際法の遵守と平等な適用を訴えながら、その侵犯に対してどうするかには触れていない。核兵器の使用と威嚇に反対しているが、停戦をし話し合いを始めなさいと言っているだけだ。自国の立場の表明であり、より多くの国々の賛同を得ながら国際社会を動かそうとはしていない。中国外交の特徴の一つだが、自分の考えを打ち出して「この指、止まれ」で終わりになる。真の大国として何かしなければならないという気持ちは伝わってくるが、大きな流れを作るための地道な外交努力はまだまだ不足している。

しかし中国を不必要に追い込んで、中ロ接近以外の選択肢はないと思い込ませる必要もない。ロシアはすでに中国にすり寄る以外に手がないところまで追い込まれており、あれほど拒んでいた弟分の地位さえも甘受するつもりのようだ。対中政策を賢明で重厚なものにしておかなければならない理由である。だがワシントンの対中認識は厳しい。とりわけ共和党が勢力を強めた議会は、イデオロギーや価値観を前面に打ち出し、中国の台頭と全面的に渡り合う覚悟のようだ。米国の厳しい妥協なき対中姿勢が、結果として中国をロシア側に追いやり、世界が分断に向かう可能性は常にある。

しかし中ロ関係の実態は機会主義的、戦術的な野合に過ぎない。米国からの圧力に抗するという点で一致しているだけで、共通のイデオロギーも価値観も相互信頼もない。中ロの統治システムは同じではなく、強権の度合いを強めているという点で一致しているだけだ。あえてイデオロギーや価値観を前面に打ち出す必要はなく、むしろ個別具体的事案ごとに対応を考えていけば良い。中国を可能な限りロシアから離し、ロシアを孤立させる。ウクライナ問題が終わるまで、ここに焦点を当てながら対中政策をマネージすることは正しい。個々の事案を切り離して丁寧に対応することにより、中ロの連携は破綻する。これが上策であり、イデオロギーや価値観を前面に出した米国的対応は外交的美しさに欠ける。中ロのパフォーマンスに一喜一憂する必要はない。

［1］中ロ関係は、1994年には「建設的パートナーシップ関係」、96年には「戦略的協力パートナーシップ関係」、2011年には「全面的戦略的協力パートナーシップ関係」、14年には「全面的戦略

的協力パートナーシップ関係の新段階」、19年には「新時代の全面的戦略的協力パートナーシップ関係」と表現されるようになった。2001年には中ロ善隣友好協力条約が締結され、21年、その延長が合意された。

第9章　日本の国益を最大化する「したたかな対中外交」とは

ドライな関係

１９７２年9月29日、日中国交正常化が実現した。米中が、ソ連に対する共同戦線を張るために１８０度の方針転換をした結果、それが可能となった。日本の外交空間は確実に拡大し、国力の増大を背景に日本のアジア外交も勢いを増した。だが、それからの日中関係は、日米共通の台湾問題をはじめ、歴史認識問題と尖閣問題により揺さぶられ続けた。

日中国交正常化は、戦争を戦った者同士の「握手」であった。あの世代の日本の指導者には大なり小なり、中国に対する「贖罪意識」があった。毛沢東をはじめとする中国の指導者には西洋列強にアジアで唯一対抗した日本に対するそこはかとない敬意があり、特に周恩来には日本滞在経験から来る「感情」があった。王敏法政大学名誉教授は、それは周恩来が日本文化の美しさを知ったからだと指摘している。80年代までの日中関係は「ウエット」な関係だったのだ。

1989年の天安門事件は、日中関係の一つの分水嶺だった。日本社会の中国に対する「感情」は薄らぎ、経済的な互恵関係を中心とする「ドライ」な関係に徐々に変わっていった。日中双方の世代交代が、これを後押しした。

ただ80年代に流入した日本の現代文化は中国を席巻し、90年代、2000年代と中国に流入し続けた。これが2010年代の後半に、中国人訪日観光客が急速に増大した大きな背景としてある。日本社会を直接目にした中国の人たちは、日本と日本人に対する認識を修正し、対日好感度は大きく改善した。秩序ある安全で安心な日本社会、生活者主体の社会の仕組み、現代化されているのに力強く生き続けている伝統文化、中国から渡来し中国ではすでに消失した歴史的建造物、彫刻、文物等々。中国の人たちは豊かになった後の東洋社会のあるべき一つの姿を日本に見出していたのだ。

2010年までは、日中間のゴタゴタは続くが、緊密な経済関係が最後にそれを抑え込むという構図が続いた。経済への悪影響を避けるためにお互いに自制したのだ。だが政府も社会も、歴史認識問題について真の「和解」には至っておらず、このトゲは今日も残っている。

リーマンショック克服

２００８年のリーマンショックに米国をはじめとする先進国経済は悪戦苦闘した。それを尻目に、中国経済は力強く立ち直り、世界経済の牽引役ともてはやされた。それまでナショナリズム、それも国粋主義的ナショナリズムは、鄧小平の韜光養晦政策を堅持してきた指導部に抑え込まれてきたが、これを契機に堰を切ったように表に出てきた。これが中国社会の雰囲気を大きく変えた。２００８年に北京オリンピックを大成功させ世界の檜舞台に颯爽と登場した中国は、２０１０年に経済規模で日本を抜き、世界大国への道を邁進していると確信した。この世論の圧力の下、胡錦濤政権は自己主張の強い対外強硬路線に舵を切った。習近平政権は、この流れをさらに強め、東シナ海や南シナ海において実力による現状変更に打って出たのだ［1］。

中国の現行秩序への強い不満も表面化し、一帯一路構想やＡＩＩＢ（アジアインフラ投資銀行）等、それに挑戦する動きも目立ってきた。急速に増強された中国の軍事力は、近隣諸国にとり現実の「圧力」や「脅威」と感じられるようになった。日本との関係でも、２０１２年には、いわゆる尖閣諸島の国有化問題をきっかけに日本の実効支配に正面から挑戦してきた。日中関係に安全保障の新たな大きな柱が立ち、日米同盟関係は従来とは異なる位置づけを得た。米国も中国をすべての面で自分の地位を揺るがす真の挑戦者と見なし、全面的に対抗する戦略を策定し行動し始めた。米中は、地政学的対立に入ったのだ。

吉田茂の外交的視点

これが、72年から半世紀が経過した日中関係を取り巻く環境である。この間、日中の経済関係はさらに緊密化したにもかかわらず、日中間のゴタゴタを抑え込む力はなくなっていた。「感情」はとうの昔になくなっているし、日中関係発展の前提であった良好な米中関係ももはや存在しない。日本社会の中国に対する不信と恐れは強まり、中国にとっての日本経済の重要性も低下した。この中でわれわれは、どのような日中関係を築けば良いのであろうか。

われわれの思考の骨格となるべきものは、実は上記半世紀の歴史の回顧には出てこなかったものの中にある。それは「外交」の視点であり、それを持つことにより回答は見つかる。この半世紀、日本の対中外交には一貫した立場と考え方があったし、この基本姿勢は、これからも堅持されなければならない。

外交とは、長期的な広い視点から何が日本の国益であるかを見定め、それにプラスになるものを最大化し、マイナスになるものを最小化し、以て全体としての国益を最大化することを任務とする。それは単に自国を取り巻く環境に適応して上手に立ち回るだけではない。その環境に立ち向かい、環境そのものを変えるのも外交の任務なのだ。

戦後日本外交を担った吉田茂は、そういう外交をした。対米協調、経済重視、軽武装が、あの当時の日本の国益を最大化する、あるべき政策だと判断した。米国との関係においても必要ならば、米国の考え方そのものを変えさせようとした。その吉田茂は、米国の強い要請で台湾と外交関係を結ばざるを得なかったが、中国と正式の国交を持つ日が来るのは当然だと判断していた。隣の大国である中国の存在そのものが日本の国益に大きな影響を与えるのは必然であり、その影響の及ぼすプラスを増やしマイナスを減らすためにも、中国と付き合わざるを得ないと考えていたからだ。

「中国崩壊」は〝楽観的〟シナリオ

その中国が、世界大国への道を邁進している。中国の台頭を、遅らせることは可能かもしれないが止めることはできない。中国崩壊といった、ある意味での〝楽観的〟シナリオは、もう止めよう。戦前、〝楽観的〟シナリオを積み上げて日本は徹底的に打ち負かされたではないか。中国は、さらに国力を増し、それに見合った影響力を獲得していく。しかし、総合国力において中国が米国を抜く日は恐らく来ないだろう。そういう力関係を反映した新たな米中関係が、いずれ出来上がる。その時の世界は、名実ともに「多極化世界」になっていることだろう。米中以外のプレーヤーも活躍できる。日本にも依然として大きな発言権があるということだ。

経済のグローバリゼーションも、修正を受けながらも、基本は続くと見ておくべきであろう。ものの弾みでデカップリングが進んだとしても、それが与える経済的打撃に、どれだけの国が耐えられるであろうか。外敵を作り、敵愾心を煽り、国内の団結を強めたとしても長続きはしない。中国も含め、国民は現在の高い生活水準を享受しており、それを失えば考え方も直ぐに変わる。

現在、東アジアにおいて不確実性が最も高いのが、軍事安全保障の世界だ。北朝鮮の核問題はしばし脇に置いても、中国の軍拡は当面続くと見ておく必要がある。米国の同盟国と関係国は、それへの対抗措置を取り始めており、東アジアにおける軍拡競争はすでに始まっている。「安全保障のジレンマ」に陥る可能性は高く、軍事衝突の可能性もさらに高まっている。

これが、現在の大きな国際環境だが、この新たな時代においても日中国交正常化以来の日本外交の基本的考え方は依然として正しい処方箋だ。すなわち日中関係を競争的共存関係と捉え、中国との間に平和で安定した協力関係を築くことが日本の国益に資するという考え方だ。この有効性は、今日においても減じてはいない。念のために言えば、そうすることが中国の国益でもある。さらに言えば、核兵器や地球温暖化など、人類が地球そのものを破壊し、人類の生存を危うくする能力を身につけてしまった以上、「協力」は国際社会の主旋律にならざるを得ないのだ。

このことは中国との間に「平和」、「安定」、「協力」を達成するために、中国の要求をすべて呑む、あるいは中国に大きく譲歩することを全く意味しない。少ない譲歩で大きな利益をつかむように知恵を出し汗をかけ、ということだ。国力において中国との差が開いて行く中で、日本の全体的な交渉ポジションを強化する外交努力が不可欠だということであり、米国をはじめとする関係諸国との連携を強化し、外交の構想力や交渉力といったソフトパワーは当然、強化すべきだ。その上で、中国との関係においても日本へのプラスを最大化しマイナスを最小化する外交努力は当然、常になされなければならない。どういう外交努力をするかが問題であり、それが日本の課題でもある。まさに「したたかな」外交が必要なのだ。

相互理解と「抑止力」

対中外交のカギは、信頼感にある。あの中国を相手に信頼関係など作れるのか！　という声が飛んできそうだが、実際には一定の信頼関係を作ることはできるし、これが存在しなければいかなる外交も成り立たない。確かに中国共産党の上意下達の統治システムは、官僚機構の自主的判断を好まず、その分、政府の当事者同士の信頼関係の構築は難しくなる。トップの権威と権力が強ければ強いほど、そうなる。そういう時こそ首脳同士の意思疎通と信頼関係の構築が、格別に重要となるのだ。

信頼の対極にある不信を前提に作り上げられているのが軍事安全保障の世界だが、冷戦時代、米ソは軍備管理交渉を通じ相互理解を深め、「だまし方」を含め相手の考えを極めて正確に理解し合った。その結果、必要な信頼関係を構築することができ戦略的関係は安定したのだ。

「抑止力」と呼ばれるものは著しく心理的なものであり、数値化することは難しい。お互いが同じ言葉を使っても意味するものが違えば、こちらの理屈では抑止力が効いているはずなのに、実際には効かない事態も起こり得る。中国との関係で、この面での検証はできていない。中国では軍事的なシミュレーションも重要だが、それ以上に政治が優先される。この意味で軍事面に偏った対中抑止論は大きな限界を有しており、指導者、政府同士の意思疎通が不可欠となる。それによって、限界を補い、お互いの考えをより正確に理解し合うことにより抑止政策の効果は高まる。対話を強化し、相互理解を深めることは、ここでも大事なのだ。

「普通のあるべき外交」を

日中関係に安全保障の柱が立ち、台湾問題もからみ、動揺と不信感を増大させている。こういうときこそ、意思疎通を強化することにより安全保障問題の日中関係に与えるマイナスを最小にしながら、同時にプラスになることを増やしていくべきだ。世界、そして東アジアを視野に入れれば、協力することが双方の利益になる案件は山ほどある。2018年の安倍晋三首相（当時）と李克強総理の相互訪問時に、日中両国政府は沢山の具体的協力プロジェクトに合意している。それらを着実に実施していくだけでも雰囲気は変わる。日中関係を処理するにあたり、細部にわたり丁寧に対応する必要がある。相手の誇りや感情を傷つけずに日本の意思や立場はしっかりと伝えながら、相手を動かす外交技術も必要だ。

もちろん、たとえ中国との関係でマイナスとなっても、日本としてやるべきことはやるしかない。しかし、そのマイナスを最小にするための外交努力も懸命にやるべきだと言っているのだ。同時に日中関係にプラスになることをどんどんやり、中国との関係を日本の国益最大化のために活用することに躊躇する必要はない。もちろん同じ姿勢で、米国をはじめとする諸外国との関係を処理することになる。これが「したたかな」という形容詞を敢えてつけなくても、普通のあるべき外交なのだ。

つまり、日中関係には安全保障以外にも、政治・外交、経済、文化・国民交流といった他の大きな柱もあるということだ。経済活動の前提である東アジアの政治的安定のための外交努力も、経済交流の強化も、国民同士の相互理解の増進もどんどんやるべきだ。そうすることにより全体としての日中関係を「競争的共存関係」の枠内に押し止めるようにする。これが、今日のあるべき対中姿勢なのだ。

いくつかの世論調査でも、大多数の日本人が中国に親しみを感じないと回答しながら、日中関係の発展も重要だと回答している。この一見、矛盾したように見える日本人の反応は、実は日中関係の本質を鋭く捉えている。この国民の気持ちに応える方法が、結局は「普通のあるべき外交」をしっかりやっていくことなのだ。

日中国交正常化から半世紀。両国政府にはイニシアチブを発揮し、積極的に国民同士の交流のテコ入れをして欲しいと思う。広い意味での文化の交流は、特に大事だ。米国との関係でやるべきことはキチッとやり、意思疎通さえしっかりしておけば、このことで日米関係が大きな影響を受けることはない。同じ文脈において習近平主席の訪日は大事にとっておくべきだ。日中関係を前に進めようとする場合、これ以上の好材料はないからだ。

[1] この間の経緯については拙著『強硬外交を反省する中国』（PHP新書、2017年）を参照されたい。

第10章　それでも「江沢民の安定」得られぬ習近平統治

習近平政権が「安定感」に欠ける理由

鄧小平理論は毛沢東思想をかなり修正し大幅に加筆して作り上げられた。「習近平思想」は、その鄧小平理論を一部修正し、かなり加筆している。そして、その習近平思想そのものが、まだ完成していないし、ましてやまだ定着はしていない。これが安定感に欠ける一つの理由だ。鄧小平理論は、１９７８年に打ち出して以来、試行錯誤を続け、92年の南巡講話により確立するまでに10年以上かかっている。結果を出し続けることにより定着した。「習近平思想」の定着も結果に裏打ちされる必要があり、時間がかかるということだ。

理論を実施に移す体制についていえば、鄧小平時代には制度化があまり進んでおらず、鄧小平の個人的な力量に依存した。だが、鄧小平の力量は抜きん出ており、激動期を切り抜けた。

江沢民は、鄧小平理論を遵奉し、体制の基本は鄧小平のものを継承した。前半は鄧小平に支えられていたが、鄧小平没後は、人事を通じ党と人民解放軍、政法部門（公安、検察、司法等）を押さえ、かなりの安定感を持つ政権となった。節目のところで腕力は使ったが、宗教団体の法輪功で大騒ぎした以外は、社会もかなり安定していた。何よりも経済がのびのびと発展し、社会の自由な空間も拡大し、党員も国民も比較的自由であった。

胡錦濤は鄧小平理論を遵奉しつつ、それを発展させようとした。経済は順調に発展したが胡錦濤体制そのものは、江沢民の影響力が温存され、胡錦濤の力は大きく制約されたものとなった。江沢民の影響力を排除しようと新たな制度構築を試みたが、成果は不十分であり、江沢民をバックにもつ既得権益層の横槍《よこやり》を受け続けた。胡錦濤時代も終わりに近づくと、共産党のガバナンスにいくつかの深刻なほころびが顕在化した。だが胡錦濤政権は民主を尊重する政権であり、この意味でも党と国民はかなり自由であった。

江沢民、胡錦濤の20年以上の統治を経て、人事も含めルール化が進み、前例も積み上がり、統治に安定感が出てきた。習近平はこれを壊した。習近平政権が不安定だと感じられる、もう一つの理由だ。

それでも習近平は、トップへの権力集中を確実に図ってきた。その結果、江沢民と比べ、実に多くの権限を手に入れ、権力は江沢民以上に強化されたはずだ。ところが、それにふさわしい政権の安定感がどうしても伝わってこないし、私が北京で観察した90年代末の江沢民政権の安定感にも及ばないのだ。どうしてなのだろうか。

江沢民政権はなぜ安定していたのか

あの当時の江沢民政権と現在の習近平政権を比べてみると直ぐにいくつかの大きな違いに気づく。

一つは、時代の違いだ。江沢民時代は改革開放政策が花開いた、イケイケどんどんの時期だった。新しい時代の始まりの中で社会は夢と希望に満ちていた。努力すれば豊かさと社会的ステータスが手に入ると皆が実感していた。現に人々は確実に豊かになっていった。共産党のガバナンスに少々問題があっても、自分たちの夢が実現するのであれば別に気にしないという雰囲気であった。為政者にとり、ある意味でやりやすかったのだ。

二つめに、鄧小平路線が確立した時期であり、それを墨守し、上手に発展させ、運営していけば良かった。江沢民路線と銘打たなくても「鄧小平路線もどき」で良かったのだ。鄧小平の言ったこと自体が曖昧だったり、矛盾しているように見えたりする部分もあるが、そこには手をつけずに、とにかく経済発展に邁進していれば良かった。

三つめに、日本では強面の印象が強い江沢民だが、外国の首脳との会談などで見せるイメージは、ざっくばらんで率直なものだった。江沢民への権力集中は、政局に強い側近の曾慶紅が辣腕を振るった結果であり、二人のチームワークは良かった。しかも憎まれ役は曾慶紅が引き受けてくれた。江沢民政権は、人事、軍、政法部門の掌握にこだわる以外は、細かなことにあまり口出ししなかった。経済は朱鎔基に完全に任せていた。この意味で集団指導制であり、司は司に任せた。江沢民の人柄もあり、社会はかなり自由だった。意見表明は可能であり、党指導部に対する不平不満を口にしても良い雰囲気だった。それが可能なほど党も社会も安定していた。

四つめに、共産党は、ある意味での利益共同体であった。「良いポスト」は「お金の入るポスト」であり、人事を掌握した江沢民は「良いポスト」をばらまくことで、党員の忠誠を確保することができた。それ故に腐敗が蔓延し、見るに堪えない組織となったのだが、少なくとも江沢民に対する党員の忠誠は確保されていた。

五つめに、江沢民は徹底的に部下を守り、忠誠を勝ち得た。90年代末、福建省において大疑獄事件が発覚した。「街の噂」は、江沢民の側近で福建省書記までつとめ、あの当時北京市書記に栄転していた賈慶林にまで司直の手が及ぶのは必至だと語っていた。そうすることが江沢民への政治的打撃を最小にする唯一の方法だったからだ。だが江沢民は自己保身に走らず、最後まで賈慶林を守り抜いた。

路線転換の難しさ

習近平は、以上の五つを持ち合わせていないか、足りない。中国社会には、あのころのバラ色の「夢と希望」はもはや存在せず、日々の生活に根ざした様々な不満と要求が出てきている。共産党に対する注文は急増し、党と政府の丁寧な対応、財政支出の不断の増大が必至となる。国民の不満に火がつきやすい状況にあるのだ。

鄧小平路線は、党員と国民に甚大な被害を与えた文化大革命のアンチテーゼとして打ち出されたものであり、支持を得やすかった。胡錦濤時代の終わり頃、党のかかえる問題は顕在化したが、党員と国民に文革直後のような切迫感や危機感はなかった。全否定しなければならない現実でもないし、人々は結構、満足していたのだ。習近平は、それでも路線転換しようとしている。習近平の信念でもあるのだが、その分、膨大なエネルギーを必要とし、実現のハードルは高くなる。

習近平の路線転換は、何よりも組織としての共産党の抜本的な改革と強化を目指している。その特徴は、理念と倫理の重視であり、管理の強化にある。共産党員は、選ばれたエリートであり、当然、高い理想と倫理観を持つべきだという前提に立っている。それがやれなければ厳しい処分や処罰の対象となる。

だが、「利益」がないと動かないのも世の常だ。つまり「志」や「ムチ」だけではなく「アメ」がいるということだ。しかも習近平はある意味で合理的な人であり、自分が抜擢した者でも、問題が生じれば更迭する。「アメ」としての人事は、江沢民時代と比べて大きく減価している。「ムチ」が目立ち「アメ」が少ないのが、習近平統治の特徴といえる。

過渡期としての不安定さ

江沢民や胡錦濤の時代を過ごしてきた多くの党員にとり、習近平路線は建前として反対できないが、果たしてこれで上手くいくのかという気持ちであろう。若い世代の党員も、この路線の具体的成果をまだ目にしていないので、全身全霊で支持するところまで行っていないと見て良い。そういうことで、どうしても「お手並み拝見」ということになる。国民にとっても同じだ。今日まで習近平政権は国民の生活上の要望には積極的に応えてきた。だが、これがいつまで続くのか、共産党の価値観をどこまで国民に押しつけてくるのか、国民の「ささやかな幸せ」にどこまで手を突っ込んでくるのか、といったことは、これからのことになる。国民も「お手並み拝見」なのだ。これが現在の習近平政権から江沢民時代の安定感が伝わってこない最大の理由のような気がしている。つまり習近平路線は、新たなものを打ちだし安定化させる過渡期にあり、成功する保証もない中途半端な状態にある。全てがこれからなのだ。

習近平も、このような現状を打破するのに懸命の努力をしている。まず党員の「お手並み拝見」だけは何としても終わらせる必要がある。ところが党員といっても９５００万人を超える。党の組織はピラミッド型であり、しかも党の上下関係は厳しい。習近平政権となり、上から強引に党を変えて行こうとしている。上が「習近平思想」をしっかり理解し、本気で実行すれば、下もそうなると考え、本格的に実行し始めている。立派な人物が上に立ち、しっかり統治することで善政は実現できるという儒学思想の表れでもあり、厳しく罰することで政策は実施されるという法家思想でもある。

いかなる組織でも誰が責任を負うかを決めておかないと上手くいかない。中国ではそれが責任制と呼ばれるものだが、その中に指導幹部責任制というのがある。この制度により党・政府組織の各レベルのトップは、あらゆることに責任を持たされ、結果を出すことが求められている。その要求のレベルは高い。しかも、どのように仕事をするかについても、次々に規則が作られ、規則に従わなければ処罰される。日本の霞が関で組織の長にこれだけのことを要求しても、合格できる者は何人いるだろうか、自信はない。それでも幹部を押さえてしっかり働かせ、上から党を動かし、任務に邁進する党にしようとしている。

第20回党大会において習近平は、自分の欲する人事を成し遂げた。政治局常務委員会と政治局はすべて自分に忠誠を尽くす者たちで固めた。それは党中央、及び主要な地方幹部を完全に掌握したということを意味する。そして中央委員会もほぼ自分の手中に入れた。中央及び省レベルの党・政府組織のトップを、忠実に習近平の政策を推進しようとする者たちで固めたということだ。習近平の上から改革の出だしは順調なように見えるが、中国政治の現場は、そうは問屋が卸さないのだ。

実施が難しい「習近平思想」

日本でも大臣が次官や局長を押さえれば、その省庁は牛耳れる。政策もすぐに実現できそうに見えるが、現在の中国ではそう簡単な話ではない。それは先に触れた江沢民時代と比べた習近平政権の五つの制約が効いているからでもある。なかんずく発展途上にある「習近平思想」自体のかかえる問題の制約は大きい。

一つはまだ抽象的な表現に留まっている部分が多く、具体的にどうすべきかについて党としての方針が示達されず、現場は戸惑っているからだ。そこを現場が忖度して動けば、混乱するのは当たり前だ。例えば「共同富裕」の突然の強調は現場を混乱させた。現場は忖度し、富裕層への徴税をことさらに厳しくしたりスキャンダルを暴いたりする。世の中は党が民営企業や文化界への締め付けを強めたなと感じて自粛に入る。それでは困るということで党中央が是正に入る。「共同富裕」は「長期的な歴史的過程」であり、今すぐどうこうするつもりはないと確認して事態は収まる。

もう一つは、政策同士が矛盾しているという点だ。政治と経済の矛盾はすでに何度か触れてきたので外交を例にとってみよう。米中関係に代表される大国関係について、第

20回党大会報告は一方で協調的な大国関係の構築を謳っている［1］。同時に米国の名指しは避けたものの、米国の政策に反対する姿勢を明確に示している［2］。米国は自国の政策は正しいと確信しており、変えるつもりはない。外交は妥協である。どこを着地点にするのかは、習近平の「方針」だけでは分からない。このように、それぞれの現場において、政策間の矛盾、あるいは現場ごとの優先順位の違いから来る矛盾を、しかも中央の意図を忖度しながら解決策を探り、実行し、結果を出さなければならない。だから上からの具体的な指示が来るまで動かないということになりかねないのだが、真面目に仕事をしようとすれば悩みは尽きない。

［1］第20回党大会政治報告該当部分：大国同士の協調とプラスの相互作用を促進し、平和共存、全般的安定、均衡のとれた発展を旨とする大国関係の枠組みの構築を推進する。
［2］第20回党大会政治報告該当部分：断固として一切の覇権主義と強権政治に反対し、冷戦思考に反対し、内政干渉に反対し、ダブルスタンダードに反対する。

第11章　国際社会を変える「瀬戸際外交」の行き着く先は

現行国際秩序から最大の利益

ロシアのウクライナ侵攻は、あっという間に世界を大きく変えた。中国は新冷戦構造の出現を恐れている。新冷戦はイデオロギー的、地政学的なブロック間の対立を意味し、経済の分断を意味する。グローバル経済とそれを支える国際秩序の大きな変容を意味し、それから最大の利益を得てきた中国の持続的経済発展を危機に陥れる。

１９７２年に米中関係が改善し、75年にベトナム戦争が終わり、アジアに平和の時代が訪れた。78年、中国は新たな政策を導入し、経済発展に舵を切った。91年、ソ連が崩壊し、西側主導の国際経済システムが全世界を覆った。グローバリゼーションが、それである。92年、鄧小平は南巡講話を出し、天安門事件で逡巡する江沢民政権の背中を強く押して方向転換をさせた。それから中国は吹っ切れたように改革開放政策に邁進し、２００１年のＷＴＯの参加を実現し、西側主導の国際経済秩序に完全に組み込まれた。

新書がもっと面白くなる

2023

4月の新刊

新潮新書

毎月20日頃発売

新潮社

〒162-8711 東京都新宿区矢来町71 TEL.03-3266-5111　https://www.shinchosha.co.jp

●1078円 610882-2

ラー、日本上陸。

好評既刊

うらやましいボケかた
五木寛之
●880円 610990-4
人生百年時代に綴った卒寿の本音が満載！

官邸官僚が本音で語る権力の使い方
兼原信克　佐々木豊成　曽我豪　髙見澤將林
●946円 610989-8
安倍政権の元官僚による「官邸のトリセツ」。

東京大学の式辞
歴代総長の贈る言葉
石井洋二郎
●924円 610988-1
その言葉は日本の近現代史を映し出す――。

マイ遍路
札所住職が歩いた四国八十八ヶ所
白川密成
●968円 610987-4
お坊さん自らが案内する「四国遍路」の世界。

脳の闇
中野信子
●946円 610983-6
自身の半生と脳科学の知見を媒介にした衝撃の人間論。

NHK受信料の研究
有馬哲夫
●858円 610984-3
巨大メディアのタブーに斬りこむ刺激的論考。

山本由伸 常識を変える投球術
中島大輔
●858円 610985-0
「規格外の投手」の秘密を徹底解読する。

ボブ・ディラン
北中正和
●836円 610986-7
「風に吹かれて」から60年。「巨人」の全貌がここに！

正義の味方が苦手です
古市憲寿
●880円 610980-5
「正しさ」だけでは解決できない現実との向き合い方。

悪さをしない子は悪人になります
廣井亮一
●858円 610981-2
元家庭裁判所調査官が説く「悪理学」。

患者が知らない開業医の本音
松永正訓
●880円 610982-9
お金、患者、クレーマー、医師会――すべて書きました。

誰が農業を殺すのか
窪田新之助　山口亮子
●946円 610976-8
農業ジャーナリストが返り血覚悟で記した農政の大罪。

寿命ハック
死なない細胞、老いない身体
ニクラス・ブレンボー　野中香方子［訳］
●1210円 610977-5
老いを攻略せよ！ 若き分子生物学者による最新研究、上陸。

シチリアの奇跡
マフィアからエシカルへ
島村菜津
●902円 610978-2
新しい地域おこしはイタリア発、シチリアに学べ！

流山がすごい
大西康之
●858円 610979-9
この「驚異の自治体」を知らずに日本の未来は語れない。

デマ・陰謀論・カルト
スマホ教という宗教
物江潤
●858円 610972-0
ネット上のトンデモ話を妄信する人々の正体に迫る。

水道を救え
AIベンチャー「フラクタ」の挑戦
加藤崇
●858円 610973-7
水道管DXを創出した若き起業家が語る。

●表示価格は消費税（10%）を含む定価です。　●ISBNの出版社コードは978-4-10です。

そして驚異の経済発展を成し遂げた。しかもその国際経済が、米国の力による平和を背景にしていたことも、また否定し得ない事実である。中国は自国の利益のためにも、西側陣営が主導する「国際社会」から抜け出すことは難しいのだ。

にもかかわらず中国は、国際社会を大きく変えようとしている。どうしてなのであろうか。この章では、この謎解きにお付き合い願うことにする。この謎解きは、二つの異なる方向からのアプローチにより可能となる。一つは中国共産党における理論、平たくいえば理屈がどうなっているかであり、もう一つは中国の政局の与える影響である。

独自の国際情勢認識

理論面から見ていこう。中国の内外政策は、国際情勢認識を基礎として打ち立てられている。国際情勢認識を変えないと政策を変えられないのだ。具体例を見てみよう。

鄧小平は、「戦争は不可避であり、それに備える」という毛沢東の国際情勢認識を転換させなければ、先に進めなかった。この転換は70年代末から80年代初めの「戦争は不可避だが、時間を稼ぐことはできる」から、80年代の半ばの「戦争の危険はまだ存在するが、避けることはできる」を経て、80年代後半の「（戦争ではなく）平和と発展が現在の世界の二大問題である」によって完成した。これで中国が欧米主導の国際社会に積極的に関わることが理論的に可能となった。この基本認識は、後に改革開放政策と呼ばれる政策の基礎となり、2012年11月の第18回党大会における胡錦濤報告、さらに言えば17年10月の第19回党大会における習近平報告まで維持された。

このように鄧小平の国際情勢認識は、中国にとって経済発展が全てのカギであり平和で協調的な外部環境が不可欠だという国内的要請に応えるものでもあった。だが習近平は、経済発展だけではなく、中華民族の偉大な復興と社会主義強国の実現を国家目標に掲げる。自己主張の強い対外強硬路線の手法をとり、近隣諸国のみならず米国との関係も緊張させた。これでは鄧小平の国際情勢認識だけで収まり切れない。

そこで17年12月の駐外使節工作会議において、国際情勢に関し「百年未だなかった大変局」という言い方を打ち出した。これを「習近平思想」独自の国際情勢認識とする努力が始まったのだ。そして、20年11月の「第14次5カ年計画」という党の重要文書に、この認識が書き込まれた。さすがに改革開放政策を堅持する以上、鄧小平の国際情勢認識を変えるわけにはいかない。そこで両者は併記されている。

ところが21年11月の「歴史決議」では「百年未だなかった大変局」が挿入され、「平和と発展が現在の世界の二大問題である」という言い方にも修正が加えられたのだ。「（習近平政権が始まった12年からの）新時代に入り、国際的な力関係に重大な調整がなされ、一国主義、保護主義、覇権主義、強権政治の世界の平和と発展に対する脅威は高まり、反グローバリゼーションも高まり、世界は激動の変革期に入った」と述べ、テーゼそのものが否定されかねない表現となっている。

この変化は、あの当時の中国の対外姿勢とも符合する。「一国主義、保護主義、覇権主義、強権政治」は中国の米国批判の決まり文句であり、米国のことを言っている。その米国と正面から切り結んでいた頃であり、「戦狼外交」が華やかな時期でもあった。20年の武漢のコロナ危機の際、トランプ政権や他の国々の直截な中国批判に対し、逆襲に出た中国の外交官たちは、「相手を侮辱し脅迫する独断的な外交戦術」、すなわち「戦狼外交」に打って出た。ゼロ・コロナ政策で自国のシステムの優秀さに陶酔し、米欧の上から目線に反発していた国民も拍手喝采をした。この方針転換は、「百年未だなかった大変局」の背景にあった歴史認識の強い影響を受けている。

「東昇西降」と「対米持久戦」

このような国民心理、党員心理を支えるのが、習近平路線の持つ中国の発展モデルに対する自信である。中国の特色ある社会主義、共産党の指導といった中国モデルの優位を信じているのだ。しかも時代は中国に有利だという歴史認識を踏まえている。20年10月の5中全会（第19期中央委員会第5回全体会議）において、習近平は次のように語っていたことが、参加者の発言から分かってきた［1］。

〈今日、世界は「百年未だなかった大変局」を経験している。しかし「時」と「勢い」は中国にある。これが我々の意思の力と気力の根源であり、我々の決意と確信の根源である。……相対的に見れば、チャンスの方がチャレンジより大きい。

百年の変局と百年の疫病が重なり、世界は不安定な変革期に入った。中国の台頭は一大変数であり、他を変えていく。「東昇西降」は趨勢であり、国際的な枠組みと発展の趨勢は我々に有利である。米国の圧迫は一大脅威だが、遭遇戦に見えても、実は持久戦を戦っている。〉

ここにコロナ危機を成功に変えた自信に裏打ちされた習近平の情勢認識がある。中国は歴史の大きな流れの中で米国に対し優位に立っているとの確信をさらに強めた。21年に入り、「時」と「勢い」は中国にあると公然と語られ、宣伝教育も加速した（さすがに中国指導者が公の場で「東昇西降」を口にすることはなかった）。「歴史決議」はその集大成でもあったのだ。

鄧小平の国際情勢認識の転換は、煎じ詰めれば、1978年の米中国交正常化を踏まえ、米国を敵とはせず、協力関係を進めることを可能とするための理論構築であった。その国際情勢認識を変えるということは、米国の位置づけを変えない限りできない。この頃を契機に、対米認識をどうするかについて、党内で相当の議論がなされ始めた可能性がある。

その議論を踏まえ、第20回党大会での方針決定につながっていくのである。

「平和」「発展」の認識は回復したか

習近平は「歴史決議」を通し、21年の6中全会をほぼ完璧に乗り切った。翌22年に入り、第3期政権の確立に向け重要な意味を持つ党大会を準備中の習近平政権をロシアのウクライナ侵攻が急襲した。対ロ関係は、それまで米国に対抗するための外交カードに過ぎず、そのように演出してきた。そのロシアとの関係が、今度は中国を外交的困難に陥れることになってしまった。想定外のスピードで「西側」が復活し、中ロ対西側の冷戦構造が復活しかねない状況が作りだされたからだ。しかも米中の関係はさらに悪化し、抜き差しならない状況となってきた。これでは中国の国内の安定と、共産党の統治の維持に不可欠な、持続的経済発展を損ないかねない。習近平の戦略的判断は正しかったのか？　中国の新たな国際情勢認識を変えて、米国を本当の敵にして良いのか？　党内、とりわけ上層部において相当の議論がなされた可能性は高い。

そして10月の党大会を迎えた。その前から、さすがにロシアとの関係も米国との関係も、ある程度の調整を加え、ロシアと一定の距離を置きつつ、米国との正面衝突を避ける方針をとった気配は感じられていた。党大会の政治報告の中で習近平は、果たして「歴史決議」の国際情勢認識に一定の修正を加えてきた〔2〕。「平和、発展、協力、ウィンウィンという歴史の流れは止めることができず、……（この）大勢が人類の前途を必ずや明るいものとする」との認識を回復させたのだ。「平和」と「発展」という言葉をちりばめながら、世界は基本的にはこの方向に向かっていると述べ、鄧小平の判断をどうにか維持している。しかし同時に、名指しを避けながら米国の行為により「世界は再び歴史の岐路に立たされており、どこへ向かうのかは各国の人々の選択にかかっている」との判断を示し、これから全く別の国際情勢認識に変わり得ることを示唆し、「歴史決議」との整合性を保つ努力はしている。

瀬戸際外交の危うさ

鄧小平が、毛沢東の国際情勢認識からの転換を図ったのは、毛沢東とは違う新たな政策の実施へ向けた理論整備のためであった。習近平は12年に総書記就任以来、国内の国粋主義的ナショナリズムと共鳴しあいながら、自己主張の強い対外強硬路線を突っ走った。17年には米国の覇権に挑戦する意思をはっきりと示した。鄧小平の韜光養晦政策からの明確な離別であった。それが米国の180度と言っても良い対中認識と対中姿勢の転換を引き起した。最後は中国の「戦狼外交」となり、米中は一触即発の状況となった。「歴史決議」の国際情勢認識は、そのような習近平の政策を支えるための理論構成だと見て良い。そういう国際情勢なのだから、断固として立ち上がらなければならないという理屈となる。

だがギリギリの瀬戸際外交を続けることが、中国のこれからにとって果たして正しい戦略判断なのかどうか、共産党指導層において厳しい疑問が呈されたことは想像に難くない。鄧小平は改革開放政策を進めるためには、平和で協調的な米国との関係が不可欠という判断から韜光養晦政策をとった。その米国との関係を損なうことは、改革開放政策の前提を覆《くつがえ》すことになる。習近平は鄧小平の改革開放政策を続けるつもりなのか？口では改革開放と言っているが、中身が違うのではないか？　こういう疑問が多く出されたはずだ。

習近平は、と言えば、20年10月に吐露した自身の判断を変えていないはずだ。それは習近平のものの考え方と、性格と、それにこれまでの経験の積み上げから導き出された判断であり、簡単には変わらない。少なくとも中国に関して言えば、チャイナ・モデルがベストであり、中国は昇り、米国は降る世界の趨勢に変わりはなく、時間は中国の側にあると確信しているはずだ。22年10月23日、第20回党大会終了直後の1中全会（第20期中央委員会第1回全体会議）において習近平は、闘争精神の強化を要求している。そこで「歴史が何度も証明しているように、闘争により安全を求めれば安全となり、妥協により安全を求めれば安全はな（亡）くなる。闘争により発展を求めれば発展は興り、妥協により発展を求めれば発展はな（衰）くなる」と述べている。習近平の特徴を示す言葉である。

そうは言っても、今、米国と衝突するのは確かに拙い。力の差がありすぎるからだ。そこで第20回党大会を契機に調整を行い、一定期間、米国との関係維持に努めることとしたのだろう。しかし米国がかたくなに自分の路を歩めば、「世界は再び歴史の岐路に立たされており、どこへ向かうのかは各国の人々の選択にかかっている」のであり、多くの国を糾合して米国に立ち向かう決意に変わりはないように見受けられる。問題は、そのような対米姿勢が、中国の安全保障と経済にどのような影響を与えるかであり、ここでも今後の現場での結果が、習近平の将来を左右するのである。

［1］２０２１年1月15日、中央政法委員会秘書長（当時）陳一新の発言。https://web.archive.org/web/20210227045413/http%3A%2F%2Fwww.cxszf.gov.cn%2Ffile_read.aspx%3Fid%3D3831

［2］第20回党大会習近平政治報告該当部分：現在、世界の変化、時代の変化、歴史の変化は今までにない形で展開している。一方で、平和、発展、協力、ウィンウィンという歴史の流れは止めることができず、人心の向かうところ、大勢の赴くところであり、人類の前途を必ずや明るいものとする。他方で、強国が弱国を虐げ、だまし強奪する、ゼロサムゲームといった覇権、覇道、いじめの行為は甚大な損害をもたらし、（国際社会の）平和・発展・安全・ガバナンスの赤字はますます増大し、人

類社会はかつてない試練に直面している。世界は再び歴史の岐路に立たされており、どこへ向かうのかは各国の人々の選択にかかっている。

第12章　突然の「ゼロ・コロナ」破棄で生じた統治の陰りとは

「政治の北京」と「経済の上海」

1949年以来の中国の歴史を見れば、ある意味で上海と北京の争いでもあった。文化大革命を牛耳った〝四人組〟は、上海を根拠地にして鄧小平たちの北京に対抗しようとした。鄧小平は、改革開放政策の基地を広東省、特に新しく造った深圳市に置いた。文革の〝垢《あか》〟にまみれた上海を回避しようとしたのだ。上海のナンバーワンを務めた江沢民は、上海の復権に努め、上海を再び経済の中心に据えた。だが政治の中心は北京のままだった。政治は北京、経済は上海の構造が固まったのだ。同じく上海のトップから北京入りした習近平は、国政に占める政治のウエイトをさらに高めた。鄧小平路線でどうにかバランスがとれていた政治と経済の関係に失調を来し、政治が経済を圧迫するようになった。

この政治と経済の矛盾が、中国のコロナ政策の核心にある。

「上海モデル」の意味

政治重視の北京は、習近平政権に必要なことは何でもする。22年秋の党大会、すなわち習近平3選に向けての環境整備として、同年2月の冬季オリンピックの成功と3月の全国人民代表大会の順調な開催は至上命令であった。これを邪魔しかねないのが新型コロナウイルスだというので、北京のコロナ予防策は徹底していた。

北京への人の流入をおさえ、市内でも厳格な予防措置がとられた。北京の中央政府を見ても、本来の業務ができているのは外交部と国防部くらいだと言われるくらい、総動員体制でコロナ対策に邁進した。あの当時はコロナ対策の成否が、幹部の政治評価の重要な基準となり、一人でも感染者を出せば政治的責任をとらされるという雰囲気だった。当然、経済はおろそかになる。政治が経済を圧迫し始めたのだ。

上海はと言えば、そういう北京を脇に見ながら、経済への影響を小さくするために可能な限り制限を緩めた。21年末から西安など主要都市が相次いで全市ロックダウンに踏み切ったのと対照的に、上海は22年3月下旬にロックダウンを始める直前まで、市当局も封鎖回避のメッセージを外資企業に向けて発し続けた。この経済との共存を目指す上海モデルは、北京式ゼロ・コロナ政策の代替案になり得るものとして期待されていた。

コロナ政策をめぐる北京と上海の対立の話をよく耳にするが、習近平主席と上海の李強書記（当時）との関係を踏まえれば、北京の了解無しに上海のコロナ対策を進めたとはとても思えない。北京、とりわけ中南海は出口戦略として上海に試させていた（失敗すれば北京ではなく上海の責任）というのが実態に近いだろう。ついでに言えば、香港は、実質ウィズ・コロナ政策を始めている。北京式のゼロ・コロナ政策を実施できる体制を作れなかったからだが、北京が試させている側面もある。「一国二制度」だからできるのであり、これも北京にとっての香港の新しい使い道かもしれない。

孫春蘭が急派された異常事態

だが、その上海モデルが崩壊した。オミクロン株の感染力の強さと無症状感染者数の多さに圧倒されたと言っても良い。究極の危機対応が弱かったということにもなるのだが、医療制度も人材も中国のトップを行く上海でも対応できなかったやり方が、他の地域で成功するはずはない。4月2日、党中央は感染者急拡大中の上海に、吉林省で現場を指揮していた担当の孫春蘭政治局員・副総理を急遽、派遣した。孫春蘭は、外からの支援を確保して体制を整え、人を入れ替え、徹底検査と隔離により、4月13日をピークに押さえ込みに成功し、5月1日に上海を離れた。

この孫春蘭の派遣も異常であった。中国ではランクが何よりも大事であり、指揮なり指導なりはランクが上の者しかやれない。上海市の李強書記は政治局員であり、それを指導できるのは政治局常務委員以上ということになるが、今回は同格の孫春蘭であった。何が何でも事態を押さえ込まなければならない緊急事態だったということだろう。

中国の報道では、それを気にしてか、わざわざ李強も「関係する活動に参加した」と付記している。しかし、コロナを自力で押さえ込めなかった李強の責任問題は残る。習近平路線は、組織のトップの責任を明確にし、責任を果たせない幹部は厳しく罰するやり方に特徴がある。当然、李強は責任をとらなければならないし、習近平もこういうときは身内にも厳しいだろうと多くの人が判断していた。ところが秋の党大会における人事で、李強はこともあろうに習近平に次ぐ党内2位の地位を与えられ、23年3月の全国人民代表大会において国務院総理に選出された。習近平への権力集中の具体的表れであり、身内を優先した人事だといわれる根拠となってしまった。

諦めるわけにもいかず

中国のゼロ・コロナ政策はオミクロン株の厳しい挑戦を受けた。上海ではかなり押さえ込んだが、北京、天津等散発的な流行は続いた。特に上海のロックダウンは、中国経済にかなりの影響を与えた。２０２２年5月25日、李克強は国務院の会議において、3月以降、特に4月は雇用、工業生産、電力使用量、貨物輸送量等の面で数値は明らかに低下しており、20年の感染拡大のときより打撃は大きいと述べ、経済の現状に対する懸念を表明した。

厳しいコロナ対策は中国社会の忍耐力もすり減らしており、上海ではＳＮＳへの投稿のみならず実際の抗議行動も見られたように、社会に不満のガスは充満してきていた。オミクロン株に対する世界の回答は、ワクチン接種を中核に据えて医療体制を整え共存を図るというものだ。中国にとっても経済、ひいては社会の安定との両立を図る道はこれしかない。ワクチン政策とゼロ・コロナ政策の転換は不可避であり、中国自身のために、そうするべきだったのだ。

だが、習近平指導部の動きは鈍かった。5月5日、政治局常務委員会は「動的（ダイナミックな）ゼロ・コロナ」政策を続けることを確認した。対応を緩めれば「高齢化人口は多く、地域の発展は不均衡で、医療資源の総量は不足しているので、必ず大規模感染となり、多数の重病者や死者が出て、経済社会の発展や人民の生命と安全、健康に多大の影響を与える」からだという。「動的ゼロ・コロナ」政策は、スピードと精確さを重視するということであり、一人の感染者も許さない「ゼロ感染」や「ゼロ容認」ではない、と人民日報は解説している。

動きが鈍い理由は、21年12月7日、孫春蘭副総理が国務院の関係部門会議において話した内容からも分かる。彼女は「習近平総書記は自らコロナ対策を指揮し手配し、〝外からの流入を防ぎ、内からの再発を防ぐ〟総戦略及び〝動的ゼロ・コロナ〟の総方針を確定した」ことを強調している。5月の政治局常務委員会の決定は、それを維持するということだ。政策転換ができなかった理由は、医療行政上のものというよりは、中国の政局にある。武漢危機を克服し、経済をいち早く回復させたのが、習近平が「自ら指揮し手配して確定した」ゼロ・コロナ政策なのだ。しかも、それは習近平の功績であり、共産党の指導する中国式ガバナンスの勝利の証《あかし》なのだ。大国外交と並んで習近平政権の偉大な成果であり、それを背景に秋の党大会を乗り切ろうとする習近平にとり、ここで諦めるわけにはいかなかったのだ。

国民のダメ出し

中国国民も、自国の政局をよく理解している。そこで10月の党大会までは、じっと我慢し続けた。だがその忍耐は党大会後には制限措置が緩和されることを期待してのものだった。だが党大会後も党は政策変更の姿勢を示さない。コロナの蔓延傾向が強まった11月になっても、10日の政治局常務委員会の会議において習近平は「動的ゼロ・コロナ政策の総方針を貫徹する」との方針を示した。23年春の政治的に重要な全国人民代表大会の終了まで方針を変えないことを表明したのだ。

国民の忍耐が限界に達していた24日、新疆ウイグル自治区のウルムチで10名が死亡する火災事故が起きた。特に100日以上ロックダウンを耐え忍んでいたウルムチ市民は解除を求めるデモに走った。それを全国の国民が支持する構図となった。ここでもSNSは重要な役割を果たした。技術の進歩は当局の国民管理の手段を強化すると同時に、国民同士を結びつける役割を果たしている。横に連帯し大きく成長し変化した中国の国民像をわれわれは目にすることができたのだ。

経済の現場からの悲鳴はすでに中央にも十分、届いていたはずだ。オミクロン変異株の流行を抑えることは難しく、地方の現場では人的にも財政的にもゼロ・コロナ政策の継続が難しくなる日が来ることも分かっていたはずだ。そこに国民の強烈なダメ出しを受けた。指導部は、12月6日の政治局会議を経て翌7日から、一挙に制限措置の解除に踏み切った。国民は何の準備もないままウィズ・コロナ状態に放り込まれた。中国の専門家、関係部門、地方政府も準備不足を露呈し、事前予告がないままの方向転換であったことが分かる。党中央が国民の動きに強く反応した結果の突然の政策変更であった。

権威に陰り

これが中国式の政策転換と言えなくもない。ワクチン接種も医療体制も不十分で、薬も行き渡っていない。多数の人がコロナに罹り、重篤な人も死亡者も多く出るはずだった。ところが感染は一挙に拡大し、心配された地方での大きな波乱も見られていない。中国国民の我慢強さなのか、国民の声に応じてゼロ・コロナ政策を止めたのだから、ロックダウンよりは良いと思っているのかわからないが、社会は安定している。だがわれわれの経験は、何度ピークを迎えても、コロナ禍は終わらないことを示している。中国も同じことだ。宣伝部門は、この3年間のコロナ政策は正しく、国民の生命を守り経済を回復させることに成功したと強調している。最終的にどのような死者数を公表するかは不明だが、何が何でも成功物語として終わらせるつもりであり、23年3月の全国人民代表大会においても、そのように総括した。

しかし今回の突然の政策転換が、習近平第3期政権、とりわけ習近平の指導者としての権威に陰りを生じさせたことは否定できない。やはり、政局を重視して無理をすると国民は離反するし、それまで言っていたことを突然変えると信頼は低下する。これまで習近平は国民との関係に留意し、国民の多くが望むことをやり、嫌がることはやらないようにしてきた。それが習近平の力の源泉の一つであり、国民の支持を背景に、反腐敗など党内の反対の強い政策も推し進めることができた。そこに陰りが生じたのだ。「習近平思想」は国民の協力がなければ社会全体として実施することはできない。今回、国民が納得しないものは強制できないことが明らかとなった。「習近平思想」を党の指導思想から中国全体の指導思想に転換できるかどうかのカギは国民の理解と支持にある。しかも国民の支持を維持し続けるためには、これから現場で結果を出し、「日々増大する素晴らしい生活」への要望を満たし続けなければならない。習近平第3期政権の成否は、国民の支持にかかっているとも言えるのである。

第13章　「反腐敗」は毛沢東「延安整風」を超えられるか

鄧小平を超えられぬまま「毛沢東回帰」

２０１２年11月15日、習近平政権が誕生した。同月29日に「中国の夢」を打ちだし、12月31日には党建設と反腐敗を進める意図表明をした。翌年の1月22日には、ついに「中国の夢」の実現の前提として「反腐敗」を全面的にやると宣言した。しかも「トラもハエもたたく」と大見得を切り、江沢民を背景とする既得権益層に宣戦布告をしたのだ。これには私も驚いた。実績もバックも足りない習近平が、こんなに早く、これほど大きな目標を打ちだしてしまったからだ。

実は習近平は相当準備をしてきていたのだが、あの当時、そこまでは見えなかった。習近平の動きは、それほど非現実的な「夢」に見えたのだ。それは胡錦濤、江沢民を超えて鄧小平と並ぶという、習近平の野心の表れと映った。それから10年。習近平は中国を大胆に変えようと試み、かなりの程度、成功したと言わざるを得ない。

この「習近平の夢」は実現するのであろうか？　それは習近平路線が定着するかどうか、すなわち、党と党員、そして国民が、この路線を信じ、邁進するかどうかにかかっている。つまるところ習近平に、そうさせる力があるかどうかの問題に帰着する。習近平は、鄧小平を超え、毛沢東をも超えたと見られることで、党員や国民を動かす力を得ようとしているように見受けられる。しかし、この願望（野心？）達成の可能性は限りなく小さい。その理由は山ほどある。

まず、鄧小平を超え「中興の祖」となるハードルは高い。習近平路線の経済政策は改革開放政策であり、基本は鄧小平路線そのものだ。何度も政治イデオロギーの枠で縛ろうとしたし、党と政府の関与を強めようとしたが、市場の役割の位置づけは不変だ。せめぎ合いは現在も続いており、直近では市場重視の鄧小平路線に押し戻されている。外交では鄧小平路線（韜光養晦政策）を放棄し、大国にふさわしい習近平外交を打ち立てることに成功したように見える。だが、その結果が米中関係の悪化であり、欧州の中国離れであり、冷戦の再来である。ここでも修正を迫られている。

政治・イデオロギー分野では、鄧小平は大枠を示しただけだったが、習近平は独自色を意識的に打ち出しているように見える。だが、実際は多くの面で毛沢東路線への回帰を試みている。習近平第2期政権の期間が特にそうであった。党内の締め付けはさらに厳しくなった。管理規定を次々に作り、党員に対する管理を強めた。22年5月には退職幹部にまで現職と同じように党内規定を厳しく遵守することを求める規定を作り、管理を強化した。長老を含む退職指導幹部が、政権批判ととられる発言をしたとSNS上に流れたことへの対応と見られている。習近平第2期政権となり、党員の日常会話における指導部批判は姿を消したと言われる。毛沢東時代と同じになったのだ。

国民の管理強化も、新たな管理技術の進歩に助けられて大きく進んだ。コロナ禍の社会で国民一人一人を管理する当局の能力のすごさを見せつけられた。多くの人が、究極の管理社会を描いたジョージ・オーウェルの小説『1984』を連想した。その中国語訳を中国の書店で見たことがある。特に政治・思想面での管理強化は顕著であり、自由な空間はほぼ消滅した。

肝心の毛沢東は実際に何をどういう手法でやってきたのであろうか。最近読んだ石川禎浩・京都大学人文科学研究所教授の『中国共産党、その百年』(筑摩選書)は、そのことを教えてくれる。この本を読み、日本の中国共産党研究も大きく進んでいることを実感した。

恭順のための儀式＝「整風運動」

毛沢東は、正真正銘、別格の存在だった。最近、イデオロギーでも習近平色をさらに打ち出そうとしているが、それを以て毛沢東を超えることができるほど簡単なものではない。それを分かっているかどうかは知らないが、習近平を支えるイデオローグたちは「中身」ではなく「形」で毛沢東に近づこうとしているように見受けられた。結局は実現しなかったが、「党主席」や「領袖」の呼称を欲しがっているという推測も、ここから出てくる。

それは任期制を嫌い、任期途中に「習近平思想」を認めさせ、毛沢東、鄧小平と同じ「歴史決議」を欲しがり、習近平個人の人格や業績をしつこく宣伝し続けようとする習近平政権の体質から来る。統治の「形」をできる限り毛沢東時代に近づけ、党員と国民との関係において、それを以て政権の権威を高め、政権の安定を図ることを考えているのではないかと思わざるを得ないのだ。それほど中国共産党内における毛沢東の権威は高いということかもしれない。しかし毛沢東を知れば知るほど、毛沢東が「形」を作ったのであり、その逆ではないことが分かる。「形」を作っても毛沢東には近づけないのだ。

石川教授の指摘の中で、特に強く印象づけられたのが「延安整風」であり、共産党史における、その位置づけである。1940年代の初め、毛沢東はナンバーワンだが権威は十分に確立しておらず、党を毛沢東の思想に帰依させるために、この運動を起こしたという。主要な著作もこの時期に記されており、党の救世主としての自己像の確立にも努めていた。

「延安整風」において、毛沢東の思想と指導的地位に対する絶対的忠誠を誓わせる手段が「自己批判」であった。指導幹部といえども党員環視の下で間違いを際限なく自白させられる峻烈なものであった。人間改造ともいえるほどのものであり、完膚なきまでに毛沢東に屈服させられていくのだ。

石川教授は、それを「毛に対する恭順のための儀式、批判と自己批判の繰り返しによる党員間の心理的分断とそれを利用した党員統制の道具」となったと指摘する。その帰結として、1945年の第7回党大会において毛沢東思想、及び最高指導者としての地位は党規約に書き込まれ、死ぬまで党主席の地位を降りることはなかった。

この「整風運動」は、新中国となっても繰り返され、毛沢東の権力掌握の手段として使われた。党幹部も党員も、そこまでやられながら最後まで毛沢東についていく。それを石川教授は「結局は、この人についていけば大丈夫だ、という経験則から来る漠然とした全幅の信頼感」によるとしているが、筆者も同感である。つまり毛沢東には多くの試練を経て共産党をここまで持ってきたという確固たる実績があった。それに加えて豊富な学識と高度な理論を駆使することができ、しかも強烈なカリスマ性を有していた。だから、やれたのだ。

習近平の周辺もこのことをよく分かっているはずだ。だから中身ではなく「形」を追い求めるしかないのだろう。しかし、それでは真の権力集中は不可能となる。毛沢東への権力集中は「整風運動」という手段を通じて実現したからだ。

鄧小平は、毛沢東時代に戻らないために、個人崇拝の禁止と集団指導制を強調したが、同時に「運動」という手法も禁じている。「整風」は良いが、それを「運動」にしては駄目だとしたのだ（「批判と自己批判」は、党員の間違いを是正し腐敗と戦うための手段として現在の党規約にも書き込まれている）。度重なる政治運動は、最後は文化大革命となり、無数の犠牲者と甚大な被害を引き起こしたからであり、その禁止は大多数の党員の支持するところであった。個人崇拝の禁止、集団指導制の堅持、「運動」の禁止

——習近平の権力集中への動きの前に、毛沢東化を否定した鄧小平が大きく立ちはだかっていることが分かる。

「反腐敗」では人の心は変わらない

毛沢東が頼りにした「整風運動」に代えて習近平が使ったのが、「反腐敗」であり「規律違反の取り締まり」であった。腐敗が甚だしかったので、確かに効果はあった。政敵は倒され、習近平への権力集中は確実に進んだ。

しかしこのやり方では、毛沢東のように人の心まで変えることはできない。毛沢東の「整風運動」の中で、あの周恩来まで自己を否定し、毛沢東に忠誠を誓うように変えられ、「晩節が（毛沢東に対して）忠でなければ、すべてが帳消しなのだ」（石川前掲書）と語らせている。それを可能としたのは毛沢東自身の力だったのだが、習近平にはその力も、そして手段もない。いくら「形」を追い求めても、中身は付いては来ないのだ。

さらに国民との関係もある。毛沢東の時代、言論空間は完全に共産党がコントロールしていた。人々は外国と完全に切り離された空間において、党の宣伝のみを聞かされ、毛沢東は神格化され、『毛沢東語録』をかざして毛沢東の姿に涙する群衆を作り上げた。

現在、インターネットの登場により言論空間は様変わりした。共産党にできることは、党の路線に反することを禁止し、削除することだけであり、国民に党の路線を強制的に刷り込むことはできない。国民には宣伝ものを読まない、見ないという選択肢があるからだ。習近平に対する個人崇拝を国民に普及させることは毛沢東時代よりも遥かに難しくなっている。

習近平路線が生き残るには、結果を出し続けるしかない。すでに日本でも報道されたが、22年6月10日、河北省唐山市の飲食店で女性4人が複数の男たちから殴る蹴るの暴行を受けて重傷を負う事件があった。店の防犯カメラがとらえていた事件の映像はあっという間にネットで全中国に拡散した。全国民がこの蛮行に本当に怒り、誰もがこれは氷山の一角に過ぎないと思っている。国民は、習近平がいかに「反腐敗」「規律違反の取り締まり」の成果を誇ろうとも、公安（警察）と犯罪組織の癒着、末端における不正行為の横行が今も日常的にあることを再確認させられ、中国式ガバナンスの現状の負の一面を見せつけられたのだ。習近平路線は道半ばなのだ。

23年1月、中国で『狂飆（荒れ狂う暴風）』という連続テレビドラマが放送され大きな反響を呼んだ。暴力団と地方の政治指導者との癒着と、その徹底的な取り締まりを描いたものだ。規律検査委員会の指導で作られたと言われており、この分野が23年の反腐敗の重要なターゲットであることを示している。ちなみにこの番組中にも「仗義」（大義を重んじる）という言葉が出てくる。やはり「義」の世界なのだ。

久々に権力を集中した指導者を目にして、ついつい毛沢東と重ね合わせたくなるし、そういう論評も多い。しかし、毛沢東に近づくことは、おそらく現代においては不可能と言わざるを得ない。

第14章　共産党政権が抱える永遠の矛盾「民主」と「集中」とは

避暑地・北戴河

中国共産党は、実質、政治局常務委員会が牛耳っている。形式的には党大会が最高意思決定機関であり、中央委員を選出し、中央委員会が政治局委員、政治局常務委員会委員、そして総書記を選出する。中央委員会閉会中、その権限は政治局、さらに政治局常務委員会に委譲される。これが党規約上の決まりであり、「党内民主」の発揚ということになる。だが、実際は政治局常務委員会に力が集中し、習近平が総書記となると、さらに総書記への力の集中が起こっている。

2022年8月1日から15日まで、習近平以下、当時の7名の常務委員全員が中国の公式報道から姿を消した。そこで世界のチャイナ・ウォッチャーたちは、彼らが避暑地として有名な河北省秦皇島市の北戴河に向かい、何らかの集まりに参加し、それが15日までに終了したと推測した。

確かに中国の指導者たちが北戴河に来て避暑をする習慣は変わっていない。しかも北戴河には現役を離れた長老たちも来る。近くにいれば顔を合わせる。なじみの顔に出会えばついつい話し込む。正式の会議が開かれなくても意思疎通は図れるし、コンセンサスに至らなくとも党指導部の流れはできる。北戴河は、そういう場所として利用されてきた。

筆者も、1980年代の初め、他に娯楽というものが殆どなかった北京勤務のときに、家族連れで大使館が借り上げた北戴河の別荘でもう一組の家族と数日過ごした経験がある。すぐ近くに海辺があり、子供たちが大喜びしたのを覚えている。木立の中にある別荘はそれぞれ独立しているが、お互いに行き来することはできる。われわれの地区から要人地区に行くことは難しかったが、要人地区では要人たちが散歩のついでに訪れたり、親しい家族同士で食事を共にしたりしていたことだろう。

90年代の終わりの2回目の勤務のときは、もうわれわれへの貸し出しは中止されていた。

コンセンサスづくり

この党大会前の北戴河の集いが特に重視されたのは、党大会に向けての指導部内のコンセンサスづくりが容易ではないと推測されていたからだ。

一つは、習近平の3選であり、さらに3選後への布石である。習近平がこだわる毛沢東と同じ「党主席」や「領袖」の肩書きの話も出るだろう。また念願の「毛沢東思想」に並びたいとの思いから、長たらしい「習近平の新時代の中国の特色ある社会主義思想」を簡潔に「習近平思想」に改めるという話にもなるかもしれない。

二つ目は、人事である。自分たちに有利な人事を望むのはどこの組織でも同じだ。このせめぎ合いは党大会への約２３００人の代表を決める段階から始まっている。手続きは厳格公正にと要求しているが、自分たちに近い代表が増えれば有利になる。このプロセスは22年1月に始まり7月に完了した。これらの代表たちが10月の党大会において中央委員会委員を選出する。

三つ目は、政策の軌道修正である。習近平が打ち出した一連の政策は、その都度、党の正式決定により認定されており変更は難しい。しかし重点の置き方は変えることができる。政策の軌道修正は、まず経済であり、特に市場の要求を満たす方向への調整が求められていた。それほど経済の現状と見通しは厳しいものになってきていたということだ。もう一つが対外関係、特に米国との関係の調整であり、米国との衝突の危機を回避し、世界の分断を避け、中国経済への影響を避けるべしという党内の声は高まっていたはずだ。

そのコンセンサスづくりに最適の場所が北戴河なのだ。

「個別醞醸」というルール

しかも中国共産党は組織の運営に「個別醞醸《うんじょう》」なるものを組み込んでいる。なかなか翻訳が難しいので「中国式根回し」と呼ぶことにしているが、お酒が徐々に熟成していくように丁寧に意思疎通を図って結果を出すことをいう。この「個別醞醸」が、「集団指導」、「民主集中」、「会議決定」と同じレベルの組織運営の原則になっている（中国共産党規約第10条［5］）。

「重要問題」に関しては、すべてこれらの原則に従わなければならない。中国共産党にあっては非公式に内々の相談をすることが「原則」であり「ルール」なのだ。ちなみに人事は「重要問題」に含まれる。中央委員や国家指導者の選出は、この「中国式根回し」をやった後でないと投票にかけることができないということになる。

指導者間のコンセンサスづくりを要人たちが直接会ってやることはある。しかし、恐らくそれ以上に重要なのが側近や秘書たちが行う事前の根回しではないだろうか。世界中の官僚機構は似た体質を持っている。長い間、中国の党政府組織と付き合ってきて、日本の例で中国を推測してもそう大きく外れないことを学んだ。自分のボスたちを何の準備もないまま出会わせて、喧嘩させたり、メンツをなくさせたりするのは役人として失格だ。そうならないように側近たち同士の根回しが始まる。

習近平の関心は、権力集中であり、自分の政策の遂行であり、自分に有利な人事だ。側近たちはそれで動く。他の要人の側近たちは、各要人の置かれた立場と守るべき利益を踏まえて動く。この折衝は熾烈を極めているはずである。なぜなら他の要人の側近たちの忠誠心は自分たちのボスにあるのであって習近平にはないからだ。習近平に対する忖度もない（習近平に忖度するのはボスたちだ）。必死になって自分たちのボスを守ろうと頑張る。

こういうせめぎ合いの際に、北戴河で醸し出される長老たちを含む「空気」が大きな意味を持つ。習近平に対する逆風は、習近平の要求が通りにくい「空気」をつくる。ここ数年、無風状態だった北戴河の集いが今回、波乱含みなのは、習近平に対する逆風がこれまで以上に強いからだ。やはり経済や対米関係の失敗は、中国共産党統治の基盤を揺るがしかねない。現在、経済に責任を持たされている人たち、あるいは長老たちも一言、言いたくなるというものだ。

習近平は北へ、李克強は南へ

こういう雰囲気の中で北戴河の集いは終わった。しかし北戴河の模様は一切外部に漏れてこない。この情報管理は見事としか言いようがない。それだけ国内の監視と管理のシステムが強化されたということであろうし、2011年から12年にかけて周永康や薄熙来が企てたような党内分裂は起こっていないということの証《あかし》でもあろう。党内が対立すると自派に有利な世論をつくろうと意識的な情報のリークがなされたりするが、今回は一切なかった。

おかげで北戴河の集いの直後、指導部内でどのようなコンセンサスができ上がったかよく分からなかったが、北戴河の集い直後の習近平と李克強の行動は意味深長であった。

8月16日、習近平は北に飛び、李克強は南に飛んだ。習近平は17日まで遼寧省を視察したが、いの一番に訪れたのは錦州市にある「遼瀋戦役記念館」であった。1948年

9月、ここで人民解放軍は圧倒的な優勢を誇る国民党軍と戦いこれを大破し、彼我の戦力が大逆転した。国共内戦の転換点となる最も重要な戦役であった。習近平はここを最初に訪れたのだ。

中国人、その中国人をフォローしているチャイナ・ウォッチャーならば、これが何を意味しているかをすぐに考える。政治指導者の動きには他の意味が込められている場合が多いからだ。最後に瀋陽駐屯部隊の幹部とも会っているので、軍の最高司令官を兼ねる中央軍事委員会主席としてそうしたと言えなくもないが、やはり不自然だ。北戴河の集いが思い通りになっていたならば、その直後にこのような場所に来る必要はない。人民解放軍関係の場所は他にもある。かくして、やはり思い通りに行かなかった可能性の方が高いのではないかという想像に辿《たど》りつく。来る党大会は、「遼瀋戦役」と同じように自分が絶対に勝つ場にしてみせるという意思の表明だったかもしれない。

李克強は、同じ16日、鄧小平が始めた改革開放の聖地ともいうべき広東省深圳市において「経済大省政府責任者経済情勢座談会」を開いた。そこで発展こそすべての問題解決のカギだと強調し、改革開放政策の重要性とさらなる推進を打ち出した。17日まで続く視察の中で、この発言をくり返し、併せて鄧小平の銅像のある公園を訪れ献花した。

経済政策の実施責任者である国務院総理（首相）として、当たり前のことをしたという解説も成り立つ。だが、実際は政治と経済の相克の実例だと判断するのが自然だ。政治を重視する習近平をはじめとするグループと経済を重視する李克強をはじめとするグループの相克を表していると推測することもできる。国策としての改革開放政策の堅持は、党の公式文献において何度も確認されており、問題が起こるたびに再確認が続いているが、今回の李克強の明確な改革開放政策の強調は、第20回党大会において再度、明確な位置づけが成される可能性が高まった。現在の経済情勢を背景に、政治に対し経済が盛り返したと見ることもできた。

果たせるかな、第20回党大会の結果は、この北戴河の集いから秋の党大会に向けて党内で「暗黙の了解（グランド・バーゲン）」が出来上がっていたのではないかという推測を可能とするものであった。このことは第16章において詳説する。

確実視されていた3選

習近平の総書記3選は、既成事実として進んでいた。もちろん党として決定したのは、2018年3月に憲法を改正して国家主席の任期を外したことだけだ。そもそも総書記の任期は党規約に書かれておらず、2期10年というのは、胡錦濤のときだけ実行されたに過ぎない（江沢民は、1989年の天安門事件直後に総書記に就任したので、計13年つとめている）。それでも、そういう形で指導者交代を進めるという暗黙の了解が党内にはあった。習近平は、それを憲法が定める国家主席の任期を外すことにより、前例を反故にして3選をめざす意思表示をした。しかも同じく任期制を定めていた国務院総理については2期の制限を残し、李克強の再任を阻止したのだ。赤裸々な権力闘争の一面であった。

共産党統治の物理的な「力」の部分も着実に押さえて来た。先ず人民解放軍だ。総書記就任から1年経った2013年11月、「改革の全面的深化における若干の重大な問題に関する決定」という重要な決定をした。その中に人民解放軍改革の具体的内容が詳細に書き込まれていた。これが実現すれば人民解放軍は面目を一新し、現代的な軍隊に変容する。鄧小平の軍事改革をしのぐ、とてつもない大改革であった。ある自衛隊OBの方が、今の人民解放軍にいくら金を注《つ》ぎ込んでも浪費以外の何ものでもないので心配しないが、この改革が実現すると大変なことになる、とコメントするくらいの内容であった。正直、党内の地位も未確立で、人民解放軍にも食い込めていないはずの習近平が、ここまでやれるかなと半信半疑で見ていた。だが、２０１７年の党大会までに大枠はほぼ完璧に実現させた。反腐敗を手段として軍の実力者を排除し、組織体制を抜本的に変え、人事などの権力を軍人たちから中央軍事委員会に移し、主席である習近平の直轄体制としたのだ。その後も確実に人民解放軍改革を進めている。実際に戦える現代的な軍隊に変貌しつつあるのだ。人事もほぼ完璧に掌握した。改革が円滑に進んだ背景には、人民解放軍の内部に、習近平に呼応して立ち上がったグループがいたことは間違いない。その人たちが今、重用されている。それほど人民解放軍の腐敗と堕落はひどかったということでもある。

２０１８年1月、それまで国務院の公安部系列であった武装警察（中国人民武装警察部隊）も、国務院から切り離し、中央軍事委員会の直属とした。国務院の影響力を排除したのだ。それに続き、日本の警察に当たる公安部門にも徹底的に手を入れ始め、すべての主要幹部に習近平に近い人物を配置することに成功した。軍、武警、警察と「物理的な力」をすべて掌握したのだ。しかも取り締まりの大本である規律検査委員会も押さえたし、司法、検察、公安を牛耳る党中央の直属機関である政法委員会も押さえた。習近平の党を力で押さえつける体制は万全のものとなったのだ。

すでに説明したとおり、党の正式決定により、習近平への権力集中も進んでいた。そうならば、もう少しやらせたらどうだ、という世論になる。このようにして習近平の3選は既定のものと見なされるようになった。

人心掌握への遠い道のり

3選がほぼ内定していたにもかかわらず、習近平政権の不安定感は拭えず、習近平への権力集中も盤石には見えなかった。国民との関係も落ち着かないし、党員との関係も同じなのだ。それは結局、人心掌握という問題に行き着く。政策の実施や力の行使は党員や国民の納得を得られなければ人心を遠ざけてしまう。党員の声を聞き、国民の声を聞きながら、彼らの期待に沿うことで人心を得ることができる。それが「民主」といわれるものの根底にある。党員との関係においては「民主」と「集中」の問題として現れ、国民との関係では政治の「民主化」の問題となる。

「民主」と「集中」の問題は、ある意味で共産党政権のかかえる永遠の矛盾でもある。民主的に決定したものを集中した権力で実施するというのが、この原則の意味するところだが、言うは易く行うは難し、なのだ。集中を強めようとすると民主が弱まり、逆もまた真なのだ。習近平は決めたものをしっかりと実行させるために権力を集中し、自分の言うことを聞かせようとしている。そこに熱心なあまり、民主的に議論した上で、党としてやるべきことを皆で決めるということをしてこなかった。習近平が次々に重要講話を出し、それをまとめて「習近平思想」とし、それを党員に理解させ、実施させようとしている。だが多くの党員が、まだそれを本当に納得し、懸命にやろうとする気になっていないように見受けられる。

毛沢東や鄧小平も、実は似たようなやり方でやってきた。まず自分の考えを述べ、党員と国民はそれに従った。毛沢東の場合は、彼の考えと指導に従い、実現するとしても遠い将来のことと思われていた革命を成就させたのであり、党員は毛沢東の言うことを聞くしかない。鄧小平の場合は、最初は文句も出たが、やっている内に皆が、これは良いということになり、結局は鄧小平の言うことに従ったし、彼の考え方に賛同して、その理論の発展に協力した多くの党員がいた。習近平は、そこが弱いのだ。そこでますます権力を集中して自分の考えに従わせようとする。それが、さらに人心の掌握を難しくしている。

国民との対話を重視し政治の「民主化」を図ろうとしたのが、胡錦濤・温家宝政権であった。二人とも「民主」を重視した胡耀邦、趙紫陽につながる人脈である。「統治の正当性」の根拠としての経済発展があまりにも当たり前のこととなり、江沢民が多用した愛国主義歴史教育も、世代交代とともに効果が薄れてきた。そこで中国政治の民主化を図ることで「統治の正当性」を補強しようとしたのだ。末端組織の住民による直接選挙を導入し、マスコミにも権力を監督する役割を担わせようとした。だが、すぐに不正選挙が横行し、中国の腐敗構造の中に埋没し、失敗した。マスコミの批判も、あまりに体制の悪が暴かれると、逆に国民の体制批判を呼び込む。これも尻すぼみとなった。

習近平は、新しい社会が主導する新しい時代を生きているのだ。上からの一方的押しつけではなく党員、ひいては国民との対話を通じて、「習近平思想」を不断に発展させていく必要がある。そのためには党員と国民が納得する結果を出し続けることが必須となる。権力の「集中」だけではなく、今やそれ以上に、「民主」が必要なのだ。そうしながら結果を出し続けることで人心の掌握も可能となるであろう。難しい仕事だが、他に選択肢はない。

第15章　「台湾問題」で米中ガラスの了解事項は守られるのか

日米戦争の引き金

多くの識者が指摘するように日米戦争は、日本と米国の対中政策のぶつかり合いが引き起こした。米国は一貫して中国の門戸開放、機会均等を要求し続けた。１９３１年の満州事変以来の日本の対中行動は、この米国の対中基本方針と正面からぶつかり、関係は悪化していった。

37年、盧溝橋事件を契機に日中の本格的な戦争が始まり、39年7月、米国は日米通商航海条約の破棄を通告した。重要資源の多くを米国からの輸入に頼っていた日本にとり事態は著しく深刻であった。同年9月、ドイツのポーランド侵攻により第二次世界大戦が勃発し、ドイツは破竹の勢いで欧州を席巻した。翌40年1月、日米通商航海条約は失効し、米国は石油や鉄などの禁輸措置を強め、日本は追い込まれた。同年9月、日本は資源を求めて北部仏印に進駐し、日独伊三国同盟を結んだ。41年7月、日本はさらに南部仏印に進駐し、これをきっかけに米国は対日全面禁輸に踏み切った。日本は同年12月、真珠湾を攻撃し対米戦争の道を選んだ。

この日本の「失敗の本質」については多くのことが語られている。はっきりしていることは、日本が対中政策を変えていれば、日米戦争は回避されただろうということだ。日米の本格的な対立点は中国問題だけだったからだ。この一連の経験は、局部にこだわるのではなく、大局的、戦略的な判断がいかに大事であるかを示すとともに、中国問題は、日米関係において常に要となる問題であることを示している。

日華平和条約

第二次世界大戦後、米英は共産主義イデオロギーを背景としたソ連の勢力圏の拡大を憂慮した。1945年の総選挙に敗れ英国首相の座を退いていたウィンストン・チャーチル（51年に再び首相）は、早くも46年3月、米国で「鉄のカーテン」演説を行い反共連合の必要性を強調した。49年4月、NATO（北大西洋条約機構）が成立し、東西冷戦が始まった。

米国はソ連のアジアへの浸透を憂慮していた。同年10月に毛沢東の共産党が内戦に勝利し、中華人民共和国が成立した。敗れた蔣介石の国民党は台湾に逃れ、中華民国として存続した。翌50年6月に勃発した朝鮮戦争に同年10月中国軍が参戦したことにより、米国はアジアへのソ連の浸透と東西冷戦を明確に意識した。米国は台湾（中華民国）へのテコ入れを決断し、台湾を中国の正統政府と認め、54年には米華相互防衛条約を結び台湾防衛にコミットした。中国の武力による台湾統一は阻止され、中国（中華人民共和国）とは対立と分断の関係に入った。

この東アジアにおける大国間の動きが、日本に大きな影響を与えた。独立を回復するために総力を挙げていた日本は、51年9月に調印されたサンフランシスコ平和条約を一刻も早く発効させる必要があった。そこで、中国問題に対する米国の要求を吞み、米国と同じ外交的選択をした。52年4月、サンフランシスコ平和条約が発効する約6時間前に日本は台湾との日華平和条約に調印した。

日中復交三原則の壁

1972年9月29日、日中国交正常化が実現した。米中が、ソ連に対する共同戦線を張るために180度の方針転換をした結果、可能となった。71年7月、ヘンリー・キッシンジャーの極秘訪中を経て、72年2月、リチャード・ニクソン大統領は中国を公式訪問し、上海コミュニケを発表した。しかし米中の正式の国交正常化は79年1月までずれ込んだ。台湾問題がその前に立ちふさがったからだ。

後発の日本は、台湾問題をどうにかクリアして、一気呵成に正常化にこぎ着けた。日本にとっての台湾問題とは、中国の「一つの中国」の原則を呑むのか、台湾との関係をどこまで維持するのか、という問題であった。中国は日本に日中復交三原則［1］を突きつけていた。日中共同声明では基本的に中国側の主張を認めながら、敢えて不明確な点を残す表現とすることで、この問題を乗り越えた［2］。台湾とは民間の、非政府間の関係とし、新たに形式は民間、実質は政府の組織を作り、日台関係を処理することにした［3］。これが日本方式といわれる台湾問題への対処法であった。中国の方は、復交三原則にいう「一つの中国」の立場を日本が支持したという解釈をとったが、解釈の違いをめぐり、日中はその後も揉《も》め続けた。

先発の米国は、「一つの中国」の政治問題以外に、もう一つの台湾問題をかかえていた。台湾の安全をいかに確保するかの問題であり、台湾に対する武器輸出の問題であった。正常化すれば、米華相互防衛条約は破棄され、台湾の安全に米国が関与する基礎を失うからだ。こういう難問を解決するには、米中の国内情勢は混乱しすぎていた。72年6月に起こったウォーターゲート事件により、74年8月ニクソン大統領は辞任した。キッシンジャーは引き続き国務長官を務めたが、後任のジェラルド・フォード大統領の国内基盤は脆弱であった。中国も、米国との公式の正常化は一貫して望んできたが、毛沢東と周恩来の関係はきしみ、「四人組」も跋扈《ばっこ》していた。

76年1月に周恩来、9月に毛沢東が死去し、10月には「四人組」が逮捕され、文化大革命は終わった。77年7月、鄧小平が職務復帰を果たし、同年1月、米国ではジミー・カーターによる政権が誕生していた。

武器輸出の〝遺恨〟

鄧小平のナンバーワンとしての地歩の確立と、カーター政権の成立が、米中国交正常化を可能とした。1978年12月15日（北京時間16日）、共同声明を発出し、翌79年1月1日に正式の外交関係を樹立した。台湾とは断交し、米華相互防衛条約は1年後に失効し、台湾駐留の米軍の撤退も決まった。米国のその後の台湾との関係は日本方式で維持されることとなった。

しかし最大の問題が台湾への武器輸出であった。交渉の過程で米側はこの件を意識的に明確にせず、鄧小平は当然、武器輸出は停止されると理解していた。鄧小平の誤解を恐れた米側が、共同声明発出の直前、レオナルド・ウッドコック大使を通じ、防衛的な武器輸出は続けることを通告すると鄧小平は激怒した。労働組合出身で調停の名手であったウッドコック大使は、「この機を逃すといつになるか分からない。米国も将来、中国の望む方向で変わる可能性があるではないか」と諭《さと》し、最後に鄧小平が「好《ハオ》」、つまりOKと言ったという［4］。鄧小平は、何としても米国ひいては日本との関係を強化し、後に改革開放政策と呼ばれる現代化路線を根づかせる必要があった。またソ連の脅威は、ソ連との連携を強め勢力拡張する南のベトナムからも来ていた。そこで「好」と言ったのであろう。

79年1月の鄧小平訪米は大成功を収め、中国と米国との関係はさらに近づき、現代化への道を邁進する礎《いしずえ》ができた。インドシナ半島で勢力を拡大するベトナムに「教訓」を与えることを訪米中に米国に伝え、帰途、日本にも立ち寄り事前通報した。訪米直後の同年2月、ベトナムをたたき、しかもソ連の報復をみごとに阻んだ。しかし鄧小平の重い決断の前提は、米国の対台湾武器輸出はいずれなくなるというものであった。そうなれば、台湾の蔣経国政権は中国と話し合わざるを得ず、祖国統一は完成すると判断していた。武器供与が続けば、この前提は覆される。鄧小平の妥協は、中国から見れば、中国の台湾問題への対処のトゲ、あるいは禍根として残った。

この当時、米議会の台湾派は強かった。台湾の安全が危機に瀕するというので、1979年4月、議会は台湾関係法を通した。そこで防衛的武器輸出の継続とともに、大統領と議会は「台湾の安全に対する脅威がもたらす米国の利益に対する危難に対応して……適切な行動をとる」と定めた（第3条C項）。米中交渉で米中当事者が了解し合ったものを超える議会の決定であった。この台湾関係法に鄧小平は激怒した。台湾への武器輸出が半永久的に続くのだ。しかも次期共和党大統領候補のロナルド・レーガンは、選挙キャンペーン中に、あろうことか台湾政府の承認と、台湾への武器供与の強化を声高に叫んでいた。事態は極めて深刻であった。

レーガン政権の「六つの保証」

1981年にレーガン政権が発足すると、さすがに台湾との政治的関係については軌道修正したが、武器輸出の問題は残った。鄧小平は反撃に出た。武器輸出を減少させなければ米中関係を断つと警告した〔5〕。ソ連に対抗し、中国の現代化を進めるために必要な米中関係さえも犠牲にするという意思表示であった。レーガン大統領は、『悪の帝国』ソ連打倒に燃えていた。ここで中国が対ソ共同戦線から離脱することは痛い。そこで、むしろ中国との間で条件を明確にした上で武器輸出を継続させることにした。82年5月、ジョージ・H・W・ブッシュ副大統領が訪中し鄧小平との間に大きな枠組みについて了解に達し、同年8月、台湾に対する武器輸出に関する共同声明が発出された。そこで米国は、台湾への武器輸出が量的にも質的にもカーター時代を超えないことを約束し、徐々に削減し最終的な解決に至らせる意図を表明した。

ところが2016年5月、米国トランプ政権は、レーガン政権が1982年7月、台湾の蔣経国政権に対し極秘裏に「六つの保証〔6〕」を与えていたことを明らかにした。その裏で、鄧小平の祖国統一へのシナリオを不可能とする約束を台湾としていたのだ。その後、この表と裏の政策の矛盾は、中国から見ると不誠実な対応と映り、米中関係は折にふれ緊張してきた。トランプ政権となり、その裏の政策が、ついに表に出たのだ。この「六つの保証」はバイデン政権にも引き継がれ、米国の表の政策となった。つまり「一つの中国」原則をめぐり、意識的に曖昧にすることにより中国との関係を円滑にする外交的な「知恵」が一つ取り除かれたということだ。中国にとり、これだけでも事態は深刻なのに、トランプ政権以来、台湾に対する米国の軍事的、政治的支援はさらに強まり、台湾有事の際にどのような対応をするかについて採っていた「曖昧戦略」の見直し論も強まっている。米国議会は、上院外交委員会が台湾政策法案を可決するなど、「一つの中国」の原則を否定する方向に進んでいる。下院でも23年1月「米国と中国共産党の戦略的競争に関する特別委員会」が設置され、台湾支援の動きは強まる。米国は、まだ最後の一線は越えてはいない。だが、中国は「一つの中国」原則をめぐる米国の表の政策が修正されはじめ、危機的段階に入っていると判断した。それ故に台湾に対する軍事演習の強化や台湾海峡の中間線越えや防空識別圏への侵入を急増させ、米国に、これ以上進むことへの警告を発しているのだ。

つまり米国は、どこまでが「一つの中国」の原則の限界かの外交的レッドラインを試し、中国は、どこまでだったら米国が許容するかの軍事的レッドラインを試している。このレッドラインの試し合いは、簡単に計算外の軍事衝突を引き起こす。現場における米中の危機管理の努力の必要性について、米中は正確な認識を持たなければならない。

81年の危機は、ソ連という共通の脅威の存在により米国が譲歩し回避された。だが中国自身が米国の地位を脅かしている今日、米国が譲歩する可能性は少ない。西側主導の国際経済に完全に組み込まれ、経済自体も難しい局面に入った中国にとり、米国ひいては西側との対立と分断は下策である。しかし台湾問題は、それでも譲歩できない問題なのだ。しかも中国の国粋主義的ナショナリズムは強いままだ。米中は衝突への道を歩んでいる。

台湾有事を起こすな

中国、とりわけ中国共産党にとり、列強に簒奪された国土の回復は歴史的な使命と認識されている。1997年1月、香港が返還されたときの鄧小平の喜び様は格別であった。心から感動し、誰もが次は台湾だと願った。台湾は1895年、日清戦争の結果、日本に割譲された。日本の敗戦や国共内戦を経て、その帰属は中台の最大の外交戦となった。だが中国共産党にとり、その祖国復帰は、神聖な歴史的責務と位置づけられ、誰が指導者であろうと放棄することは許されない。その立場の具体的な表れが「一つの中国」原則という形で提起され、日中復交三原則の中にも書き込まれている。日米ともに、中国の立場をそのまま呑むことはできない。そこで外交的「知恵」を駆使して、お互いの立場をどうにか保つ形で台湾に関する一連の了解事項を作りあげた。現在、米国はそれを崩しかねない動きを始めている。

安全保障の専門家は、台湾海峡をめぐる米中の軍事力のバランスが中国に優位に傾いているから侵攻の可能性があると考えている。習近平の性格ないし信念に関する彼らなりの読みが、それを補強する。だが中国の政治や社会を眺め、習近平の置かれた状況を観察すると、中国側が軍事的判断だけで台湾を侵攻するシナリオは浮かんでこない。中国が台湾に侵攻すれば米中は衝突する。世界大恐慌が起こり、中国経済も悪化して生活水準が落ち込み社会は不安定化する。そして何よりも多くが破壊され多数の命が失われる。それでもやむをえないと中国国民が納得するだけの大義名分がなければ、習近平といえども台湾侵攻はできない。無理してやっても良いが、国民は、そういう習近平を、そして中国共産党を見放すであろう。国民が納得する大義名分があるとすれば、それは名実ともに「一つの中国」原則が否定されたときだ。最も分かりやすい例が、台湾が「独立」を宣言することだ。逆に言えば、台湾を中国の不可分の領土とする「一つの中国」原則が曲がりなりにも維持されていると説明できれば、中国に台湾侵攻の口実はなくなる。台湾の蔡英文総統も、その点はよく理解している。

逆に米国政府が台湾を国家ないし政府として公式に認めれば、中国は、まずは外交関係の断絶をし、さらには軍事力の行使の選択を迫られる。抑止力の世界ではないのだ。やらなければ歴史に汚名を残し、やれば負ける。負けると分かっていてもやるしかない。それが台湾問題の中国政治における位置づけなのだ。

最大の安全保障

日中国交正常化は、日中の間にも本質的な問題を残していた。それは、1972年、日本側が日中国交正常化は日米安保体制にいかなる修正ももたらさないとの立場を堅持したのに対し、中国側も、これに敢えて挑戦しなかったことから来る。それは同じ年に1945年以来、米国の統治下にあった沖縄が日本に返還されたことと関係する。今日でも国土面積の0・6パーセントしかない沖縄県内に、全国の70・3パーセントの在日米軍専用施設・区域が依然として集中している。ベトナム戦争のときに沖縄の米軍基地が重要な役割を果たしていたことからも分かるように、日中国交正常化により、日本返還後の米軍の活動に影響が生じてはならない。それが対中交渉の基本方針となった。

日米安全保障条約は、日本が武力攻撃された場合に米国が自国憲法の規定に従い行動することを定めているだけではない。極東の平和と安全に対する脅威が生じたときには米軍が日本の施設等を使用できることも定めている。この「極東」の範囲について日本政府は早くからそれに台湾が含まれることを明示し、この基本姿勢は日中国交正常化の後も堅持された［7］。台湾海峡の平和と安定が損なわれれば、それは中国対日米の関係となることは、当初から想定されていた。そうならないようにどうするかが、外交に課せられたミッションであった。

２０１２年の、いわゆる尖閣国有化問題を契機に、中国の実力による現状変更に直面し、日中関係には軍事安全保障という柱が立ち、年々大きくなってきている。日米同盟は日本の領土防衛の役割を高め、日米の同盟関係は強化された。軍事安全保障の領域において日米対中国の構図が固まったのだ。そうであればあるほど、台湾海峡をめぐる米中の対立が軍事衝突に至れば、中国が日本にある米軍基地をたたくというシナリオは現実味を帯びてくる。それは日本の領土への攻撃であり、日本も軍事的対応を迫られる。台湾有事が他人事《ひとごと》ではないというのは、その通りなのだ。しかし、そのために払う代価は桁違いに大きい［8］。地域、ひいては世界の平和と繁栄に甚大な影響を及ぼす。日本の平和と繁栄に対する直接の打撃は計り知れない。そうならないようにするのが日本の利益であり、米中台の利益であり、世界の利益であり、正しい政策なのだ。

前段で強調したように、「一つの中国」の原則が維持されていると説明がつけば、中国国内は治まる。その条件を作りだすのが外交的「知恵」というものだ。現状は、ぎりぎり「一つの中国」の原則は維持されている。米国がこれ以上、公式の台湾の政治的、外交的地位の変更を進めなければ、事態は落ち着く。中国も22年8月のナンシー・ペロシ米下院議長の台湾訪問に過剰反応しすぎだ。国際法では三権分立の国では行政府が国家を代表することになっている。これだけ国際法を重視するようになった中国としては、米行政府の方針を米国としての立場と認定し、立法府の動きに過剰反応しないようにすべきだ。行政府は立法府をコントロールできないからだ。また過剰反応すればするほど、米国内での台湾テコ入れの政治的価値は高まり、また似たようなことをしようとする政治家が出てくる。

結局のところ、中国との間に平和で安定した関係を築くことが、実は最大の安全保障なのだ。そのためには一方で、中国の軍事力の増強に対し、同盟関係の強化を含む軍事的対応をとるとともに、中国と日米の間のトゲを抜く作業が不可欠となる。日米中の間の外交的努力の余地はまだまだ十分にある。まずは対話を強化し、緊張を緩和することだ。政治指導者と政府・議会の責任は重い。

台湾問題はいくつかの大きな変質を遂げてきている。一つは中国の大国化であり、とりわけ東アジア戦域において中国の軍事力の方が米台よりも優勢になったことだ。もう一つが、台湾の民主化であり、台湾の人たちの意思で決められたことを否定できる民主主義国家はない。しかし、この大きな変化を理由に誰かが現状変更に動けば、軍事的衝突が待っているだけだ。古びてはいるが、外交的知恵をちりばめた台湾問題をめぐるガラス細工の了解事項は、どうしても堅持される必要がある。それ以外の選択肢を誰も見いだせていないからだ。

日本外交は、米中の意思疎通の促進剤となり、現状を固定し、危ない動きを抑制し、新たな外交的安定を図る努力を倍加すべきである。台湾有事は、そのような努力に十分値する危機であり、それが外交の使命なのだ。

[1] 日中復交三原則：①中国政府は中国人民を代表する唯一の合法政府。「二つの中国」、「一つの中国、一つの台湾」に断固反対、②台湾は中国の一省であり、中国領土の不可分の一部であり、台湾問

題は中国の内政問題、③「日華平和条約」は不法であり、破棄。

[2] 日中共同声明第3項は「中華人民共和国政府は、台湾が中華人民共和国の領土の不可分の一部であることを重ねて表明する。日本国政府は、この中華人民共和国政府の立場を十分理解し、尊重し、ポツダム宣言第8項に基づく立場を堅持する」となっている。中国の立場を「十分理解し、尊重」するという表現は、米中上海コミュニケで米国が使った「acknowledge」の意訳でもある。この交渉に条約課長として直接携わった栗山尚一元外務次官は、次のように解説している――「十分理解し、尊重する」というのは、法律的には何の意味もなく、何のコミットもしていないので、それだけでは中国がのむはずはない。そこでポツダム宣言第8項に言及することでカイロ宣言を孫引きした。カイロ宣言では日本は台湾が中国（その当時は中華民国）に返還されることに異議を唱えないとなっている。すなわち台湾独立を支持しないし、「一つの中国、一つの台湾」も支持しない、そういう意味での「一つの中国」にコミットした。（栗山尚一『外交証言録 沖縄返還・日中国交正常化・日米「密約」』岩波書店）。

[3] 1972年12月、日本側は「財団法人交流協会」（その後「日本台湾交流協会」と改称）を、台湾側は「亜東関係協会」（その後「台湾日本関係協会」と改称）を設立した。

[4] Ezra F. Vogel "Deng Xiaoping and the Transformation of China" (The Belknap Press Of Harvard University Press, 2011), p.332

[5] Ezra F. Vogel "Deng Xiaoping and the Transformation of China" (The Belknap Press Of

Harvard University Press, 2011), p.482
[6]「六つの保証」：米国は、①対台湾武器輸出の終了期限を設けず、②台湾関係法の規定を修正せず、③対台湾武器輸出の決定前に中国と協議せず、④台湾と中国の間の周旋はせず、⑤台湾の主権に関する米国の立場、即ち当該問題は中国人自身により平和的に解決され、中国との交渉に入るように台湾に圧力はかけない、を変更せず、⑥中国の台湾に対する主権を公式には認めない、ことを保証する。
[7] 大平正芳外務大臣も日中国交正常化後、日米安全保障条約の実施の段階で日中関係の良否が日本政府の政治的判断に影響を及ぼすことは認めたものの、極東条項に関する日本政府の立場は堅持した。
[8] 米国のシンクタンクＣＳＩＳ（戦略国際問題研究所）は、２０２３年1月9日の報告において、中国の台湾侵攻は失敗するが、米中台、そして日本が被る損害の規模を算出した。“The First Battle of the Next War : Wargaming a Chinese Invasion of Taiwan” https://csis-website-prod.s3.amazonaws.com/s3fs-public/publication/230109_Cancian_FirstBattle_NextWar.pdf?WdEUwJYWIySMPIr3ivhFolxC_gZQuSOQ

第16章　習近平は「鄧小平の老練」を手にできるか

一人勝ちのように見えるが……

2022年10月の中国共産党第20回党大会の結果は、大方の予想に反して習近平の一人勝ちのように見えた。人事に関しては特にそうだった。政治局常務委員に、王滬寧（江沢民時代から常にトップに忠誠を尽くしてきた）を除く全員を、昔の部下か、特別の関係にある者をあてた。政治局24人も習近平色一色に染め上げた。自分より若い李克強、汪洋などを引退に追い込み、次期指導者の呼び声が高かった胡春華を政治局委員から平の中央委員に格下げした。自分と同年の王毅を政治局委員に抜擢し、人民解放軍の朋友である72歳の張又侠も政治局に残した。定年制の内部了解を破棄した強引な人事であったが、習近平にそれをやる力があったということだ。

「習近平思想」に関しても、5年前の前回の党大会で承認されたものをバージョン1とすれば、今回は21年の「歴史決議」を経て、新たに発展したものの追加が決定されており、「習近平思想」バージョン2となっている。

この人事と「習近平思想」のバージョンアップが習近平の得たものだ。それ自体大変なものであり、一大突破であったことは間違いない。だが、その代償として、いくつかの制約を課された可能性がある。これを党内の「暗黙の了解（グランド・バーゲン）」と仮称しておく。ここに習近平体制の、現時点における力の限界を見ることができる。

グランド・バーゲン

一つ目の制約として、すでに指摘したように「集団指導制」堅持の了解ないし再確認がなされたと見て良い。

二つ目に、経済政策と対外姿勢の修正について一定の了解が出来上がったと見て良い。経済に関しては、経済のロジックの優先であり、改革開放政策の重視でもある。コロナ政策の修正もその一環として議論されていたはずだ。すでにふれたように22年12月の中央経済工作会議でも、経済の発展重視、市場重視に重点が移っている。

対米関係を中心にした対外関係の修正も議論され、対米認識、現状認識についても一定の修正がなされたはずだ。それが22年11月のインドネシアやタイにおける習近平の

「微笑外交」につながっていく。通常、例年3月に全国人民代表大会の決定を待って行われる国務院人事の一環であるはずの外交部長人事が前倒しされ、22年12月、秦剛駐米大使が新外交部長に任命された。「戦狼外交」で名を馳せた趙立堅外交部スポークスマンの閑職への異動（23年1月）は注目されたが、同じ1月に行われた秦剛新外交部長とロシア外相ラブロフとの電話会談はあまり注目を集めなかった。そこで秦剛は「中ロ関係は、同盟を結ばず、対立せず、第三国に対するものではないという基礎の上に構築されている」という古い言い方を引っ張り出している。両国元首の重要な共通認識は実施するとも言っているが、中国の識者は対ロ関係の修正を図った発言だと見ている［1］。対米交渉への布石でもあろう。外交の調整が始まっているのだ。

「暗黙の了解（グランド・バーゲン）」なるものが出来上がった背景に、党を割ることに対する党内の強い危機感があったはずだ。鄧小平は、党が分裂しなければ共産党に挑戦できる者はいない、党の分裂は何が何でも避けよ、と訓示したことがある。天安門事件も党分裂の結果であり、薄熙来・周永康事件は党を分裂の危機へ追いやった。党指導層（政治局委員＋長老）にとり「党の分裂」は絶対に避けるべきものだとの信念がある。「百年末だなかった大変局」に直面して、党の分裂は避けなければならないという空気感が、党指導層をして習近平の突出した地位を認める形の「暗黙の了解」に着地させたのであろう。その背景に苛烈な反腐敗運動と規律の強化により、それまでの仕組み（党官僚・経済界・知的エリートの鉄の三角形＋長老による調整）は破壊され、党指導層の習近平に対するレバレッジも、その大方が消えたという事実もあろう。それでもさらに抵抗する手はあった。だが、そうすれば党は分裂しかねない。この危機感が党内をまとめたと見るべきであろう。

「集団指導制」という党の基本は守れ。経済も外交も行き過ぎは調整しろ。そうすれば習近平の圧倒的地位も、「習近平思想」の指導的地位もすでに認めてやっているし、今回の人事は好きにやれば良い。ただ、ここまであなたの言い分を認めてやったのだから、上手くやれず結果を出せなければ、それはすべてあなたの責任ですよ！　という「暗黙の了解」ができたということだろう。それは今回の引退組を含めた党の非主流派指導層が、「お手並み拝見」モードに入ったと見てもいい。

中国政治のフェイズは変わった

今回の党大会が示した構図は、中国共産党の政治が大きな転換を遂げつつあることをはっきりと示した。習近平が「圧倒的指導者」の地位に近づいたということである。

こうなると習近平時代を江沢民、胡錦濤の時代と比べても、その特徴や性格を捉えることは難しい。多くのチャイナ・ウォッチャーたちは、江沢民、胡錦濤時代に出来上がった統治システムと、その背景にある権力構造や人事の仕組みをいわば与件として習近平政権を眺めてきた。この手法はもう使えないということだ。参照されるべきは、その時代ではなく、その前の毛沢東時代、鄧小平時代の政策形成と実施の手法であり、人事である。その比較により習近平時代の特徴が浮かび上がってくる。中国政治のフェイズ（局面）が大きく変わったのだ。習近平は、この意味で毛沢東、鄧小平に並んだといえる。

毛沢東の錯覚

毛沢東は、1935年の遵義会議まで党の掌握はできていなかった。ある意味で寄せ集め部隊であった共産党をほぼ完璧に自分の統制下に置くことができたのは、すでに触れた1942年から45年の「延安整風運動」の結果であった。毛沢東思想への全面的帰依を求め、党幹部の毛沢東への絶対的忠誠を求める政治運動であった。

したがって新中国が成立した1949年には、毛沢東思想を信奉し、毛沢東に忠誠を尽くす人物しか残っていなかった。そもそも派閥人事などはあり得なかったのだ。この時点で、毛沢東思想という理論は確立していた。だが、新中国の成立を契機に中国共産党は革命党から政権党に変身した。経済運営をはじめとする実際の国政に責任を持たされたのだ。国民のやる気を引き出さなければ経済は回らない。経済を動かそうとすると毛沢東の目にはイデオロギー軽視に映る。すぐに自分の地位を脅かす動きをしていると妄想し、そのたびに徹底的に批判し打倒した。毛沢東はイデオロギー通りの政治運動をすれば、経済も社会も上手くいくと錯覚した。何度かの政治運動で経済は破綻し、政治は混乱し、社会は乱れ、最後は数千万の命を奪う文化大革命となった。新中国成立後の毛沢東時代の党内の軋轢は、目的達成の手法の違いであり、毛沢東の過剰反応による偽の権力闘争であり、批判を許せなくなった毛沢東の体質から来ていた。

老獪な鄧小平

鄧小平は、1977年、文化大革命の混乱を収拾し中国を立て直すことができるのは鄧小平しかいないという党内の大きな輿望を担って3度目の復活を果たした。はじめから相当の権威があったのだ。経済を立て直さなければ国民から見放されるという強い危機感から、経済発展をすべての中心におき、そのために最適の発展モデルを追求した。それは国民の自発性を高める経済体制であり、党内保守派（左）からは社会主義計画経済からの逸脱であり、ひいては社会主義からの逸脱と見られた。だがその党内保守派も、経済政策では批判したが、指導者としての鄧小平の地位に挑戦する者は一人もいなかった。党内保守派との厳しい政策論争を経ながら鄧小平の巧みな党内運営により、後に「改革開放政策」と呼ばれる政策体系を作りあげていった。新しい政策を打ち出しても、抵抗が強いと見れば少し保守派に戻したふりをして、結局は開明派（右）の方向に持っていき、最後は市場経済に辿り着いた。この手練手管はみごとであった。鄧小平は実践の中で「鄧小平理論」という理論を確立したのだ。

しかし、鄧小平といえども毛沢東ほどの権威はなかった。陳雲に代表される同世代の実力者もいたし、異なる系列の実力者も多くいた。彼らを巧みに第一線から外し、改革派に置き換えていったのだ。鄧小平の権威が圧倒的なものとなったのは、最晩年だりであった。それでも毛沢東化しないように意識的に動いた。鄧小平を讃えるようなことは一切やらせなかった。鄧小平派も敢えてつくらなかったし、つくる必要もなかった。鄧小平が抜擢した江沢民や胡錦濤でさえも、鄧小平との関係が特に深いわけではなかった。

だが鄧小平に従い鄧小平路線を忠実に実施した。

江沢民、胡錦濤の時代となり圧倒的指導者が不在となった。理論（「鄧小平理論」）は確立していたが、その実践の中で党官僚・経済界・知的エリートの「鉄の三角形」という既得権益層が出来上がった。その中で派閥が形成され、権益をめぐる陣取り合戦が横行し、派閥人事が顕著となった。現役組のせめぎ合いを調整したのが、同じ権益集団の「長老」たちであり、最後は長老たちが裁定するという構図が出来上がった。習近平体制は、その「鉄の三角形」の破壊の上に成立している。

「百年未だなかった大変局」

毛沢東の延安整風も、鄧小平の再登場も、誰もが納得する大きな危機が背景にあった。習近平には、それほどのものがない。だから苦労している面もある。そこで米中関係の緊張やウクライナ危機に表出した「百年未だなかった大変局」を強調した。この危機を使って習近平のもとに党を団結させようとしたのだ。中国共産党は左派であろうと右派であろうと「和平演変（米国があらゆる手段を使って中国共産党統治を覆そうとしている）」を信じている。米国の対中強硬姿勢は中国共産党の危機感をあおる。しかも経済は難しい局面に入っており、党指導部がガタガタすれば、共産党の統治そのものが揺るぎかねない。共産党統治というコップを割ることはできず、いろいろあっても最後は我慢しようということになる。それが習近平の権力基盤の確立に追い風となっているのだ。

しかし習近平政権は、現在も依然として「二つの確立」（習近平の党中央の核心、全党の核心としての地位を確立し、〝習近平思想〟の指導的地位を確立）の実行を要求し続けている。「二つの確立」はすでに「歴史決議」に書き込まれ、第20回党大会において党規約には書き込まれなかったが、党規約改正に関する決議は、全党にその決定的な意義を深く真剣に理解することを要求している。それでもまだ「確立」しろとしつこく要求しているのは、実情がそうなっていないからだと見ざるを得ない。毛沢東や鄧小平のような「圧倒的指導者」の地位、あるいは毛沢東思想や鄧小平理論のような指導理念としての地位が、まだ十分に確立していないと感じているからに違いない。

鄧小平には、権力確立の段階にあっても、これまでの実績から来る「圧倒的」存在感があった。習近平には、それはまだない。現時点において習近平の力の根源は反腐敗・規律強化にあるのであり、それで言うことを聞かせている。多数を「圧倒的」存在感で心服させ引っ張っていく情況にはまだなっていないのだ。すべてが今後の実績如何にかかっているということである。実績を上げれば、政権基盤はさらに固まる。それに失敗すれば、政権は容易に動揺する。

毛沢東は圧倒的な力を間違った方向に使い失敗した。しかも安心できる後継者を作れず死ぬまで政権を手放せなくなった。鄧小平は強力な指導力とともに巧みな執政能力を示し、天安門事件はあったが、院政を敷きながら自分の直系ではなかった江沢民を上手に育てて長期安定政権の基礎を作った。しかも、その次は胡錦濤にすることまで決めていたので、次の政権交代も上手くいった。習近平の政権委譲は、毛沢東のように死ぬまで続けるか、鄧小平のように自分の路線を継承する人物に引き継がせるしかない。それはあくまでもこれからの政権運営が上手くいくことを前提としており、そうならなければ毛沢東や鄧小平と同じ結果になるとは限らない。上手くいかず党内危機となり、政権そのものが交代することもあり得るのだ。すべては、これからの結果如何だ。

テクノクラートの意見は

習近平新体制の基本政策についていえば、これまで、その都度、党の正式決定として打ち出されてきたものの集大成であり、党大会により何か新たに付け加わったということはない。習近平新体制の注目点は、政策の転換の有無ではなく、今回の党大会の決定で定まった習近平路線が、どう具体化されていくかにある。ここで実施体制が大きな意味を持ってくる。

習近平政権の1期、2期の指導部は、習近平より年長者か同世代で構成されていたが、新指導部は、習近平をトップにいただく上下関係の組織となる。政治局常務委員会や政治局の現場は、習近平の鶴の一声でものごとが決まっていくだろう。権力の集中は、一見、効率的な統治をもたらす。しかし同時に都合の悪い情報は上に上がらなくなり、トップの判断ミスを是正できない弱点を持つ。ウラジーミル・プーチンのウクライナ侵攻が、そのことを如実に示している。この弱点をカバーすることができるトップの資質が決定的重要性を持つようになるのだ。

一点補足すれば、新指導部が習近平の側近によって固められていることが不安視されているが、李強の総理就任により指導体制が補強される面があることを認識しておくべきだ。それは李強新総理が自分の職責を踏まえ、習近平に直言することは十分あり得るという点だ。私も外務大臣の秘書官をしたことがあるが、大臣をよく知れば、なにをどういうタイミングでどのように上げればうまくいくかも分かる。李強は習近平の浙江省時代の秘書長であり、前任の李克強よりも直言しやすい立場にいるとも言えるのだ。

何度も触れたとおり、中国共産党の統治は政治・イデオロギーと経済運営の間の矛盾と対立に翻弄されてきた。その中で習近平政権のこれまでの10年は、経済を担当してきた李克強総理と劉鶴副総理、特に経済に精通し習近平の信頼も厚かった劉鶴の采配により安定を保ってきた。市場と丁寧な対話をしながら経済の微妙な舵取りを行い、それを習近平に認めさせてきた。総理に新しく就任した李強と、何立峰・経済担当副総理の新経済チームは、果たして市場と対話をし、その結果を習近平に納得させ実行に移す力をどこまで持っているのだろうか。中国の現場にはまだ多くの経済テクノクラートが残っている。易綱人民銀行行長と劉昆財政部長も留任した。彼らの意見が、果たしてどこまで取り入れられ、実行に移されるのだろうか。これらの点が、これからの中国経済を判断するカギとなろう。

２０２２年12月の中央経済工作会議の議論は、同年11月に人民日報に掲載された第20回党大会報告に関する劉鶴論文（『内需拡大戦略をサプライサイド構造改革の深化と有機的に結びつける』）と軌を一にするものであった。改革開放を全面深化させ、市場の自信を奮い立たせることを謳い、改革派、開明派のラインに近づいている。

中国経済はすでに多くの困難に直面している。ただでさえ難しい経済運営に、政治・イデオロギーを重視する政策面での制約の重しが加わる可能性は排除できない。そして市場はそれらにすぐに敏感に反応する。習近平新体制が、政治・イデオロギーの誘惑に抗しながら、種々の経済問題にいかに対応するかが、新体制の今後を占う重要な判断材料となろう。23年1月、陝西省党委員会組織部は、25の重要な非公有企業（民営企業を含む）の共産党組織に対しトップ（第一書記）を派遣する通知を出した。これに対し、この措置は中央工作会議の決定にも、関連法規にも反するという強い反対の声が全国で上がった。恐らく撤回されたであろうが、このように現場では政治と経済のせめぎ合いが続いているのだ。

ＮＴＴデータ経営研究所・岡野寿彦氏の『中国的経営イン・デジタル——中国企業の強さと弱さ』によると、中国企業経営者は政治に実に敏感で先を読みながら行動している。つまり政治が、経済、ひいては民営企業に直接関与したり言及したりしなくとも、企業経営者は「風」の先を読むということだ。党運営が政治に重点を移せば、民営企業も本能的に萎縮する。ここまで計算に入れると、政治・イデオロギー重視の習近平第3期政権にとり、経済運営への負荷が想像以上に大きいことが分かる。

外交の試練と民の声

習近平新体制へのもう一つの大きな挑戦は、何度も指摘してきたように対米関係から来る。現時点において中国の強国路線と強軍路線にいささかの変化もない。習近平の本音は、今は国内に集中したいということだろう。第2期政権では意識的に外交で国民を鼓舞してきたが、やり過ぎて国粋主義的ナショナリズムが極端に高揚すれば、まともな外交の手を縛る。ペロシ訪台の際の対米強硬世論の高まりは、その危険性を示した。習近平も、そのことは分かっている。当然、対米衝突は望んでいない。したがって中国から仕掛けて対米関係を悪化させることはないが、中国から膝を屈して米国に擦《す》り寄ることもできない。

米国の対中強硬姿勢にも変化の兆しは見られず、とりわけ経済安全保障分野と台湾問題での対立は厳しくなっている。具体的には経済のデカップリングへの動きの強まりであり、台湾問題をめぐる米中軍事衝突の可能性の増大である。ただ、今回の党大会で中国が台湾に対し、さらに強硬な姿勢をとったと読むのは正しくない。党規約に「台湾独立に断固として反対し阻止する」との文言が加えられたことなどが強硬化論の根拠のようだが、習近平が言っているのは「新時代の党の台湾問題解決のための全体戦略」の貫徹であり、これは22年に出された台湾白書が確認した方策を指す。今回、特に強硬な線が打ち出されたわけではない。現に党大会後、対外関係調整の一環として、台湾に対しても、24年1月の台湾総統選挙への影響も考慮に入れた上で、ソフトなアプローチが目立ってきている。

これにコロナ騒動で示された国民の力が加わる。そのなかで習近平第3期政権は進んでいく。習近平が圧倒的指導者の地位に近づいた今日、習近平の感情と判断が決定的重要性を持つことは言うまでもない。しかし末端までを動かす権威と力はまだない。新たな条件の下で、安定感を欠いたまま習近平新指導部は船出をする。このような時代であるからこそ、鄧小平の老練さと巧妙さが、特に懐かしく思い出される。

[1] 2022年2月4日の中ロ共同声明においては、中ロ関係を「両国の友好には尽きるところがなく、協力に禁止区域はなく、戦略的協力は第三国に対するものではなく、また第三国と国際情勢変化の影響を受けない」と書いている。

終章　２０３５年の中国

(1)「中華民族の偉大な復興」で国民を引っ張っていけるのか

建国百年への中間点

本書の冒頭で紹介したように、習近平は２０１７年、第19回党大会報告において中国の将来目標を明らかにし、「二つの百年」の国家目標を、より具体的な形にして提示した。第一の百年の、中国共産党建党百年である２０２１年に「全面的な小康社会」を実現するという目標（２０１０年と比べＧＤＰと国民一人当たりの収入を倍増）は、最終年を待たずに実現され、中国基準の貧困県をゼロにする成果を付け加えた上で、21年、にぎにぎしく目標達成が宣言された。第二の百年は、建国百年の今世紀半ばに「富強の民主的で文明的で調和のとれた社会主義現代国家」をつくることを目標とし、その目標を、２０２０年から35年及び36年から今世紀半ばの二つの段階に分け達成する方針を示した。

習近平が2017年に、国民に対し党の「二つの百年」の公約をさらに踏み込んで説明したのは、中国共産党の統治の正当性を保つためであった。中国は、社会のあり方も国際的地位もまったく新たな段階に入り、それまでの鄧小平理論だけでは収まりきれなくなっていた。それを超えた新しい時代の中国のあるべき姿を具体的な長期目標として国民に示し、それをやれるのは習近平が率いる共産党しかないことを国民に納得させる必要があったのだ。

経済の持続的成長と生活水準の向上は国民が求めるものだが、それだけでは、習近平の共産党に引き続き統治を続けて下さいということにはならない。生活が良くなるのは当たり前のことであり、それを実現したのは鄧小平、江沢民、胡錦濤のおかげであり、習近平ではない。そこで第二の百年目標が習近平にとり重要な意味を持ってくる。素晴らしいグランドデザインを打ち立て、その実現へのレールを敷き、第一歩を踏み出した大功労者が習近平だという歴史を作りたいのだ。自分の眼が黒い内に成果を見届けたいというので2035年という中間目標地点を設けた。中国の国力増大も、この時期に次第に頭打ちとなる。2035年までに相当の進展を見せておかないと、今世紀半ばに第二の百年目標を達成するのは、本当の「夢」となってしまう。それを懸念して2035

年に格別の意味を持たせる目標設定をしたのであろう。

中位の先進国レベル

２０２２年の第20回党大会報告において、習近平は今世紀半ばに「総合国力と国際影響力において先頭に立つ社会主義現代化強国」を作りあげると述べている。前回の報告［1］よりは短く、結論部分だけを書いている。米国を超えるという大方針には何の変化もない。その中間点である２０３５年の達成目標についてはかなり詳しく説明し、習近平の関心がここにあることを示している［2］。

２０３５年に達成すべきものは多々あるが、「総合国力を大幅に向上させ、一人当たりＧＤＰを新たな大台に乗せ、中位の先進国レベルに到達する」ことを先ず書いている。この「中位の先進国レベル」という表現は、２０２０年に、第14次5カ年計画及び２０３５年までの長期目標を定めたときに出されたものだ。そのとき習近平は、２０３５年のＧＤＰ、もしくは一人当たり所得を対２０２０年比で倍増することは可能だとの試算が出たと説明している。それが「中位の先進国」という表現になったのだろう。２０２０年の一人当たりＧＤＰ（名目）は７万５０００元弱（1万２０００ドル強）であり、これを倍にするというのだ。中国の専門家（劉世錦全国政治協商会議経済委員会副主任）は、一人当たり所得が1万8000ドル以上であれば先進国と見なされ、中レベルの先進国の一人当たり所得は3万〜4万ドル程度であり、35年にそこに到達するには、年平均4・7パーセント程度の経済成長が必要だと述べたという。この数字が正しいとしても、中国経済の長期的趨勢を眺めれば35年まで年平均4・7パーセントの成長を続けることは容易ではない。

それ以外の2035年目標も、しっかりと眺めてみれば、それぞれが大変な目標だということはすぐに分かる。たとえば「二酸化炭素排出量をピークアウト後に減少させて、生態環境を根本的に改善する」という目標も、日本の悪戦苦闘する現実を見れば、これを35年までに達成することの難しさも分かろうというものだ。

極端にいえば、民主主義国であれば、その実行可能性について野党やマスコミから厳しく精査され、追及される類いの目標が羅列されているのだ。この2035年の国家目標群は、すべてが上手くいったとしても達成できるかどうか分からないほどの極めて挑戦的なものなのだ。

中国式シミュレーションの持つ限界

この2035年国家目標を策定するために、彼らが想定したシミュレーションは、1980年から2015年頃までの年率10パーセントを超える経済成長の実績に強く影響されているはずだ。だが16年に7パーセント近かった成長率が、19年には6パーセントを切り、そしてコロナ騒動に突入した。コロナの痛手から回復しても成長率は平均4パーセント台に下がり、さらに低下を続ける趨勢にあると言われている。35年までの年平均4・7パーセントの成長は極めて難しい達成目標だと言わざるを得ない。

1980年から2015年までの中国の黄金時代は、グローバリゼーションに代表されるリベラルな国際経済秩序に支えられていた。奇跡の経済成長は、中国の持っていた優位と努力にもよるが、何にもまして世界と中国の自由な経済空間が、その発展を支えた。海外から来た資本は技術も携えてきた。中国の労働力を使い出来上がった製品は、海外資本が世界市場を開拓して売りさばいてくれた。この外資の貢献を発展の核として今日の中国経済がある。それにもかかわらず中国は、ついに独自の宇宙ステーションを作りあげた。5Gはいうに及ばず、電気自動車やEコマースなどの分野でも米国の先を行く。サプライチェーンに占める中国の割合は高く、ますます巨大化する国内消費市場もある。海外との関係において中国が強気の判断に傾いたのも理解できないわけではない。

だが海外、とりわけ西側との経済関係は中国にとって依然として不可欠の重要性を持つ。経済安全保障がますます重視されれば、中国経済とのデカップリングは進む。冷戦構造が定まれば経済は分断される。そうなればなるほど、人口減でさらに必要となった労働生産性を高める海外の各種ノウハウが、自由に入ってこなくなる。中国の急速な経済発展は、日本と違い、国内市場を開放し、海外企業が技術とともに参入することに寛容だったから可能となった。これらを見事に使い切り、場合によっては技術供与に圧力をかけながら、短期間での変身を実現した。この手はもう使えないことになる。中国のシミュレーションが想定した前提条件が、もう一つ変化しかかっているのだ。

国民が求める「日々の生活の向上」

経済を重視し、ある意味で政治を遠ざけてきた胡錦濤政権までの政策のツケが、習近平政権に回ってきた側面は確かにある。理屈の政党である共産党が鄧小平理論を超えようとすれば、鄧小平が敢えて踏み込まなかった政治・イデオロギーの再構築は避けがたい。

そこでマルクス主義の復権であり、その中国化、時代化が共産党の任務だということにした。ナショナリズムに後押しされて「中華民族の偉大な復興」が中心テーマとなった。その実現のために清廉で責任感の強い、立派な党員からなる実行力ある共産党の建設に励んでいる。党の管理・監督をさらに強化し、不正や不法行為を厳しく取り締まる体制をとっているのも、そのためだ。中国のすべてを「指導」するのが共産党の使命であり、それが「中国の特色ある社会主義」の要だ。管理の行き届かない空間が出現しては困るというので、国民に対する管理・監督も強めざるを得ない。だが、こういうやり方で、「人民の日増しに増大する良い生活への要求」を本当に満たすことができるのであろうか。これが習近平路線に突きつけられた根本的な問題なのだ。

共産党員は、自分たちが社会のエリート集団であることは自覚している。一時期、理念ではなく出世や経済的利益を目的に入党した連中も多かったが、最近はもっとまともになっていることだろう。日本の公務員に対する批判には事欠かないが、それでも世界水準から見るとかなりまともだ。警察官の清廉度は、間違いなくトップクラスに入る。その日本の公務員でも、それを全部やれといわれると腰が引けるのが、現在、習近平指導部が党・政府官僚に突きつけている要求基準なのだ。中国式の対応で終わるかもしれないが、それでも党員は党の目標を理解するように努力し、可能な限り実行しようとするだろう。

だが一般国民はどうだろうか。どれくらいの国民が第20回党大会報告を読んで心を動かされているだろうか。恐らく読んだ人さえ多くはないだろう。一般国民が関心を持つのは、今日や明日の生活のことだ。ますます値上がりする教育費を負担し、住宅ローンを返し、4人の親の面倒を見なければならない一人っ子同士の夫婦、いつ行っても混んでいる病院、出費に追いつかない自分の給料、老後の生活への不安、と悩みは尽きない。これらを解決しなければ「人民の日増しに増大する良い生活への要求」を満たすことはできない。

確かに中国共産党は、これまで国民の生活を着実に向上させてきた。だから国民は共産党の統治を基本的には受け入れている。脱工業化社会の特徴は、価値観の多様化であり、必要の多様化にある。中国社会もこの段階に入った。この多様性への対処に最も不向きなのが中国共産党のガバナンス方式なのだ。武漢のコロナ危機のときのように、一つの目標であれば組織を総動員して見事な成果を上げることができる。だが同時に多くの要請に上手く応えるのは苦手なのだ。今世紀半ばに「中華民族の偉大な復興」を実現する、だから共産党についてこい、といわれても、国民は、すぐに、そうですね、ということにはならない。国民にとって最も大事なのは、今日、そして明日、何をしてくれるかであって、遥か遠くの抽象的な目標を読み聞かせられてもピンとこない。今日、明日の国民の要求に応えることができない限り、共産党の統治の正当性を確保することは難しくなる。やはりカギは、日々の生活を向上させ、公正な福祉社会の建設を可能とする経済の発展と財政の充実にあるのだ。

「政治と経済の根本矛盾」の調整

ものごとをイデオロギー化して考えると、現実を見誤る。ある意味で宗教と同じで、絶対的な真理や価値と認定されれば、それと矛盾する客観的事実さえも、それに沿った解釈となりがちだ。人間がつくりだした現実に絶対のものはない。実は、この世に純粋の社会主義も資本主義も存在してはいない。資本の力が跋扈した近代資本主義は、労働者の窮乏の上に成長したが、社会主義・共産主義の挑戦を受け、社会主義の平等理念を受け入れ修正した。労働者の権利が尊重され、社会福祉の柱が立った。社会主義も、平等だけでは経済が回らないというので、資本主義の市場経済のやり方を導入した。出発点は違っても、最後は同じ方向に歩み寄っているのだ。ここを見落とすと、現在、米中の原理主義者が闘わせている類いのイデオロギー論争となる。現実を見れば、目を三角にして議論する必要はない。現実はすべて相対的なものであり、程度の差でしかないことをしっかり理解しておく必要がある。

中国共産党が直面する困難の一つが、優先順位づけが十分にできていない点にある。どこの国でも多様な社会をまとめていくために多様な政策を打ち出し、それらは場合によっては矛盾する。税収が伸びず、それでも国防費の増額が必要となれば、社会保障費を削ることもあり得る。つまり、その時点において社会保障よりも国防に高い優先順位をつけたということだ。胡錦濤時代までは、最後は経済であり、それを上手くやればそれで済んでいた。ところが習近平時代となり政治・イデオロギーが重視された結果、現場において経済と政治の優先順位づけの矛盾が突出してきたのだ。

中国の政策の実施は基本的に地方政府が担っており、中央の各部門が出す政策と指示はすべて地方政府が実施しなければならない体制となっている。ところが財政については中央政府からの財政移転の割合は低く、地方政府が独自に資金を確保しなければならない。それなのに中央から雨あられと、次々に指示が下りてくる。しかも中央で未調整のまま相矛盾する指示が下りてきてしまうのだ。ゼロ・コロナ政策を徹底的にやりながら、経済の回復も図れというのが、その典型的な例だ。土地利用権の売却収入を主たる財源としていた地方財政の現状は苦しい。しかも結果責任をとらされる。そうなると地方の現場は自分で優先順位を決め、やるべきことをやって生き残るしかない。能力のある地方指導幹部が出した結論は、何が何でも経済を上手くやるしかないということだ。経済を立て直し、収入を増やさないと何もできないからだ。

国全体を見ても同じことが言える。習近平は今次党大会の報告において「高い質の発展は、社会主義現代化国家建設の最も重要な任務である。発展は党の執政、興国の第一の重要任務である。しっかりとした物質的、技術的基礎がなければ、社会主義現代化強国を全面的に作りあげることはできない」と言っている。前回の党大会報告と比べても、発展をさらに重視した表現となっている。「暗黙の了解」の反映かもしれないが、それでも同時に、多くの政治・イデオロギーがらみの要求を併記している。その間、優先順位はつけられていない。政治と経済の間の矛盾は続くということだが、経済を優先させた対応をしない限り、共産党統治の基礎は揺らぐ。習近平第3期政権が、最後は経済だということで割り切れるかどうかということだ。経済の現場が、厳しい採点を続け結論を突きつけるであろう。

(2)軍事大国化路線は持続可能か

東アジアは軍拡競争に入った

1991年の第一次湾岸戦争は、異次元の現代戦のすさまじさと、それを実行できる米軍の実力を見せつけた。95〜96年の第三次台湾海峡危機において、強大な米軍を前に、人民解放軍は手も足も出なかった。これをバネにして中国の驚異の軍拡が始まった。公表国防予算の名目上の規模は、1992年から30年間で約39倍、2012年から10年間で約2・2倍となった（2022年版防衛白書）。2021年の軍事予算をドルベースで見ると2072億ドルであり、米国（7540億ドル）にはまだまだ及ばないが、日本（493億ドル）の4倍を超える（2022年版IISS『ミリタリーバランス』）。しかも軍事改革も進め、特に習近平政権になってからの進展は著しく、現代戦を戦い勝つ軍隊に急速に変身している。

この軍事大国化を背景に、習近平政権となり、東シナ海や南シナ海、ひいてはインドとの国境において、領有権問題をめぐり実力による現状変更の動きを強めた。近隣諸国と西側、特に米国が強く反応し、中国の動きに対抗する措置を取り始めた。作用・反作用の連鎖となり、東アジアは「安全保障のジレンマ」に導かれて軍拡競争に入ったのだ。

私は、中国の友人たちに、中国が軍事力を増強し続けることの危険を説いてきた。米国、特に国防総省を敵に回すな。中国を脅威と見なしたときの米国の対応は想像を超えたものとなる。中国を脅威と見なすかどうかは、軍事的には国防総省が決める。中国は中国式に大統領と話をつければ、それで済むと思っているかもしれないが、軍事的脅威の有無は専門家集団である国防総省が決める。一度、脅威だと認定されれば、大統領は替わっても、国防総省は不変であり、彼らがそうではないと判断するまでそれは続く。中国の軍事的脅威が強まれば、日本は米国側に追いやられ、日米対中国の構図となる。日本はまだ世界第三の経済大国だ。中国は世界第一と第三の大国の連合軍と対峙することになる。そういう事態にならないように軍事力の増強には慎重であるべきであり、透明性を高め、相手国の疑念と憂慮を取り除く努力を強化すべきである、云々。

だが軍事力の増強を中国の国運をかけた最重要課題と位置づける彼らが、私の説得に応じてくれることはなかった。そして習近平政権は、大国はそれにふさわしい軍隊を持つべきであり、「軍事強国の夢」を実現し、今世紀半ばには世界一流の軍隊になり、米国と並ぶという目標を内外に明らかにした。２０２０年の5中全会で提示され、今回の党大会報告にも書き込まれたのが、「２０２７年建軍百年奮闘目標」である。２０２７年というもう一つの時間設定をして、軍の建設を急ごうとしている。米国も、中国を自国の地位に正面から挑戦できる唯一の国だと捉え、全面的競争に入った。日本も防衛力の底上げに動いた。東アジアは間違いなく軍拡競争に入ったのだ。

２０２７年まで軍増強のスピードは落ちない

われわれが米国の軍事力に脅威や不安をあまり感じないのは、もちろん同盟国ということもあるが、民主主義国家だからである。民主国家では、軍事費は国民の税金から支出されるのであり、何のためにどういう使いかたをするのか、国民に報告し納得してもらう必要がある。国民に報告したもの以外への転用も難しい。つまり何をしようとしているかについて透明性が確保されているということであり、外国にも安心感を与える。

中国はそれをやらないか、やっても甚だ不十分である。

列強に蚕食された中国近代の屈辱の歴史は、軍事的に強くなければならないと教える。米国の覇権は、強大な軍事力に支えられていることも分かっている。弱小の地下組織であった共産党が巨大な国民党を倒すためには自分を隠す必要があった。ソ連共産党も同じような体質と仕組みを持っていた。そこから組織論を学んだ中国共産党は、世界の大国の政権党になっても、自分を隠す癖と、それを支える仕組みは残したままだ。

その米国が「和平演変」で共産党の統治を倒そうとしているし、人民解放軍の動きを封じ、台湾を引き離そうとしている。中国からはそう見えている。米国に恫喝されず、米国に勝手をさせないためには軍事力の増強に邁進せざるを得ないという意識は、共産党内で共有されていると見ておくべきだ。国民の多くも支持しているだろう。江沢民時代からの一貫した軍事力増強が、そのことを証明している。中国の軍事力増強は、これからも続き、少なくとも2027年の建軍百周年までは増強のスピードは落ちないと覚悟しておくべきであろう。

人民解放軍は党の軍隊であり、党に従い、党の政治に従うことを徹底的に教育されている。だが党が割れかかったときに人民解放軍がどちらにつくかは決定的な意味をもつ。

文化大革命の末期、「四人組」との抗争において、党長老たちは先ず人民解放軍の掌握に動いた。それを確保した上で「四人組」を打倒した。3度目の復活を果たした後、鄧小平も人民解放軍の掌握には特に意を用いた。最後は軍を使って天安門事件を押さえ込んだ。鄧小平は江沢民に、党の指導者の重要な任務の一つが人民解放軍の掌握だということを教えている。

習近平が就任直後から人民解放軍に関与し、空前の改革を行い、名実ともに軍を掌握したことは、国内統治の観点からも正しい。権力者は孤独である。権力が集中すればするほど、そうなる。指揮命令がしっかりと行き届いた組織が、自分の傍らに付き添ってくれると安心感も増す。

中国財政がいつまで軍拡を支えられるか？

中国の軍事費は、確かに急速に増えた。だが中国経済の成長も速く、また税収の伸びも大きかった。この経済の力が軍事費の急激な増大をしっかりと支えた。ストックホルム国際平和研究所（SIPRI）によると、中国の国防費の対GDP比は2000年代の初めに数年2パーセントを記録したことはあるが、その後1・7パーセントを続け、この数年は1・8パーセントとなっている。2021年の米国は、3・5パーセント、日本は1・1パーセントであった。また、中国の政府支出に占める軍事支出の割合は、2000年には11・4パーセントであったものが、2010年には6・2パーセントに下がり、2020年には5・0パーセントに低下している。政府支出全体が急増したことの反映でもあるが、財政的な余裕があるということでもある。因みに2020年の米国のこの数字は8・3パーセントであり、日本は2・5パーセントだ。

だが経済そのものを見ると、多くの経済専門家は20年代の経済成長率は4パーセント台となり、30年代には3パーセント台になると予測する。税収の伸びは鈍り財政も余裕がなくなってきている。社会保障費の政府支出に占める割合は、すでに20パーセントを優に超えたが、国民の不満を緩和するために、さらに増え続けるだろう。中国も間違いなく「大砲かバターか」の時代に入っているのだ。もちろんデジタルトランスフォーメーションは軍事の分野でも急速に進んでおり、ウクライナでの戦争がその威力を示している。中国もあらゆる知恵を絞って軍事費の負担を軽減しながら、軍事力の強化に励むだろう。

しかし経済は、科学技術、人材、資源、そして市場の力を含む総合力の勝負でもある。

米中の抗争は、そのすべての分野に影響する。これまでのシミュレーションが前提としてきた諸条件の相当の修正が必要になっており、見直すべきである。そして地に足がついた、中国国民が真に願う「中国の夢」を中国国民とともにじっくり話し合い決めて行く時代となった。

習近平は、今回の党大会直後の1中全会重要講話において冒頭、「中国の発展が直面する情勢をしっかりと認識し、戦略的な冷静さを持つべし」と訓示し、「正確な情勢判断」を特に要求している。それでも米国とは行けるところまで競争し合おうということであろうが、軍拡路線を続けても中国が圧倒的優位を確保することはできない。米国と軍備管理・軍縮の話し合いに入り、東アジアにおいても軍拡をせずに安全が保たれる仕組みの構築に尽力すべきである。この方向性は、当然、日米にとっても正しい。中国にそういう方向転換をさせるように、日米も環境整備に最善を尽くすべきである。

(3) 対外関係の修正は可能か

「転換」の兆候も見られるが……

習近平は前述の1中全会の重要講話の中で「第19回党大会からの5年は、極めて尋常かつ平凡ならざる5年であった」、「党中央は、中華民族の偉大な復興戦略の全局と世界の百年未だなかった大変局を統一的に差配し、厳しく複雑な国際情勢と次々に起こる巨大な危険と挑戦に効果的に対処した」と述べている。その挑戦の最たるものが米中関係から来たし、これからもそうだ。米中関係がどうなるかで、中国の将来は大きく変わる。

これまで述べてきたとおり、中国の将来は、西側主導の現行国際秩序に留まり、せいぜいその改善と修正を図るくらいにすることで活路が開ける。中国に現行国際秩序を根底から覆し、新たなものを作る構想も力も、また利益もない。米国も、中国ほど打撃を受けないにしても、中国に対する全面的な押さえ込みが、さらなるデカップリングを呼び込み、世界経済は縮小し米国経済も大きく傷つく。

さらに経済摩擦だけではなく台湾問題をめぐり米中の軍事衝突の可能性も高まってき

ている。米国議会は対中強硬姿勢を変えておらず、共和党が下院を押さえたことにより、むしろ強まっている。少なくともこれからの5年は、中国が対米姿勢を調整するしか安定した局面を生みだすことは難しい。だが中国共産党の対米不信感、習近平指導部の自国の能力と将来に対する確信の強さを勘案すると、中国側が習近平路線の骨格部分を修正すると予想することは不可能だ。習近平は微笑外交に転じ、米国とも対話路線を復活し、日本やオーストラリアとの関係も進めるつもりのようだが、まだ戦術的転換を図っているとしか見えない。

まずは中国側から譲歩を

2022年11月のバイデン・習近平会談によって米中関係は対話路線が定着するはずであった。ところが23年2月、中国の気球問題によりブリンケン国務長官の訪中が延期され、米側がこの気球を打ち落としたことにより、中国国内の雰囲気も悪化した。米国も軍事安全保障上の重大な脅威故に中国気球を打ち落としたわけでもないようだ。中国の基本方針は、米国をはじめとする技術先進国がやっていないか、弱いところに重点を置いて、非対称の競争を挑むということだ。軍事安全保障上も同じ考えでやっている。

中国が宇宙を視野に入れた戦略を強化したのは、米国が手薄だったからであり、北極を重視するのも同じ理由からだ。この高度2万メートルの空域についても同じことが言える。軍事的にどう使えるかは、やってみないと分からないということだろう。だから米国はやらずにいたのに中国は始めた。おかげで西側が大騒ぎする事態となったというのが実情ではないか。ただ、この事件で米中の外交プロセスが頓挫したのは、外交的には間違いなく割に合わない出来事ではあった［3］。

だが同時に「強権と覇権的な侮りを恐れず、国家利益と民族の尊厳を護るために強靱な防衛戦を築く」と続く。特に「台湾問題は、中国の核心的利益中の核心であり、中米関係の政治的基礎中の基礎であり、越えてはならないレッドライン」だと強調している。東シナ海や南シナ海の領有権がらみの問題にどう対応するかについて、まだ新たな発言はないが、それらを中国の毅然とした大国外交の成果と喧伝しただけに、軌道修正は容易ではない。

再び政策同士の矛盾、意図表明と現場での対応との間の矛盾にぶつかる。しかも、これまでに表明されてきた外交路線も「習近平思想」の一部なのだ。簡単には変えることはできない。他方で、米中衝突と全面的デカップリングの中国の将来にもたらす破滅的な結果に対する党内の憂慮も大きい。これが作り出す党内圧力とのバランスをとりながら、これからの5年、中国外交は自国に対するマイナスを最小にするための戦術的転換は続けるであろうが、基本路線は修正せずに進んでいく気がしてならない。

しかし中国が実質的な中味において譲歩をしないと今の米国は動かないだろう。先ずそれをやることだ。この〝譲歩〟をテコに、米国の譲歩を引き出す作戦をとるべきであり、それを同時に外に出せば、中国の一方的譲歩にはならない。だが動きは中国から作るしかない。ここは覚悟を決めるべきだ。

習近平の地方勤務が長かったということは、現場をよく知っているということだ。困難にぶち当たれば軌道修正をする必要があることとくらいよく分かっている。だが、日本の総理官邸もそうだが、中南海に身を置くと、日本以上に現場から離れてしまう。内政や経済に関しても、十分な情報が届かず、現実から隔たった決定をしてしまう可能性がある。ましてや外交に関して言えば、習近平自身が直接携わったのは2007年に北京に来てからであり、首脳外交の現場を知っただけで、総体としての外交ではない。それでも首脳外交は、さらに積極的に進めるつもりのようだ。他国首脳と率直かつ厳しくやり合う中で、中国外交に修正がもたらされることを念じて止まない。

(4) 2035年の中国はどうなっているのだろうか

習近平路線の修正は時間の問題か

習近平第3期政権が、国内の発展と安定を同時に追求しようとするならば、経済と外交の分野での調整が急務であることがはっきりとした。内政については、最後は党員、国民との関係で決まるので、現在の習近平路線が修正されるかどうかの見極めには、もう少し時間がかかる。ただ2022年11月のコロナ騒動で示された国民の力は、中国の将来に大きな影響を及ぼし続けるであろう。この出来事が習近平の権威に影を落とし、人心の掌握に負の影響を与えた可能性はある。このことが路線の修正に影響を及ぼす可能性を、常に頭の片隅に置いておく必要があろう。

経済は市場という現場が、すぐに答えを出してくれる。政策とその実施方法が拙ければ、市場はそれに見合った結果を出す。上に報告を上げなかったり、嘘の報告をしたりして時間稼ぎをしても、現場での結果が変わるわけではなく、いずれ習近平の耳にも届く。経済の持続的発展が共産党の統治を支えているのであり、背に腹は代えられない。市場の望む方向で、いずれ修正せざるを得ない。経済に関して言えば、市場という修正メカニズムが存在しているということだ。経済の心配は、ひとまず脇に置いておこう。

対米関係を中心とする対外関係は、予断を許さない。時間は自分に有利に動いていると確信する中国と、中国をどうしても押さえ込まなければならないと信じている米国との厳しい鍔迫《つばぜ》り合《あ》いが続いているのだ。しかも中国外交に、周恩来、鄧小平時代の老練さが見られず、米国外交も世界全体の将来を見据えた真の意味での超大国外交の風格を失っている。その結果、米中が軍事衝突をし、全面的な経済のデカップリングとなれば、世界は破局に向かう。人類はときどき愚かなことをする。そうならないように最大限、理性の力を発揮するべきだ。

この最悪のシナリオは、多くの悲劇とともに、米中経済にも世界経済にも大打撃を与える。つまり米中関係は中国経済と連動しており、経済の観点からも米中関係を上手にマネジメントする必要がある。中国の識者はこのことをよく分かっている。それが対外関係の修正という「暗黙の了解」となったと見ていい。経済と連動して、中国はこれからも対外関係の修正をしてくるということだ。しかし、それが戦術的修正を超えて路線修正となるかどうかは、現時点では見通せない。同時に米国の対応が、中国の方向性に大きな影響を与えるという視点を見失ってはならない。米国の対中姿勢の調整も著しく重要なのだ。

この観点から注目されるのは、22年11月の米中首脳会談において、双方の共通の目標を実現するための原則をつくり出すことの重要性に合意し、タスク・フォースをつくり、協議を命じている点だ。米中もぶつかり合いだけではなく、調整の動きを強めていることを見落としてはならない。

日米は中国の路線修正を促せ

国際社会、とりわけ日米は、中国外交の路線修正を促す外交を強化すべきだ。その最大のものが、中国の東シナ海、及び南シナ海における実力による現状変更の行為を止めさせることだ。中国の路線を修正させるためには、修正することが、結局は中国をも含む世界のためになることを説得できるロジックを準備する必要がある。そのロジックは台湾問題などの危機管理をしながら、現行国際秩序の護持と発展という共通目標を、中国を巻き込んで実現するものであるべきだ。現行国際秩序において中国の国力にふさわしい扱いをするということでもあり、そのためには米国にも変わってもらわないといけない。

米国にもこれまでのような「特別の」超大国ではなく「普通の」超大国になってもらう必要がある。米国は、結構、特別扱いを要求してきたが、そこは控えてもらい同じようにルールを守ってもらう必要がある。そもそも個々のルールが、具体的に何を意味しているのかについてしっかりと了解し合う必要がある。日米と中国との間のルールの中身に対する理解には違いがあるし、日米の間でも微妙に違う。これらを含めた現行国際秩序全体の改善と補強の努力を共にはじめるということだ。その中には当然、国連の強化と日本の国連安全保障理事会常任理事国入りが含まれる。紛争の平和的解決が日中平和友好条約の求めるところであり、尖閣問題についても事態を鎮静化させ外交の議題に加えてはどうか。

中国も、中華文明の後継者として新たな価値観と実践を国際社会に注入したいのであれば、具体的行動で世界を納得させるべきである。日本の仏教は中国仏教を取り入れた。儒教も道教も混じっているということだ。儒学は江戸時代、庶民にまで及んだ。中国の伝統的価値観を国際政治や外交に反映させる努力に反対する理由は何もない。私の理解する東洋の価値観は、強者は限りなく自制し、弱者をいたわることを求める。だが残念なことに今日の中国外交の現場のどこにも、それを見ることはできない。この意味でも中国外交の路線修正は必要なのだ。

グローバリズムの質は変わるが

中国は、私の想像を超えるスピードで発展し変化してきた。だがこれから2035年に向けて中国経済は確実に減速する。それを超える経済発展を想定した2035年の目標達成は、その分、難しくなる。中国と西側の経済のデカップリングも進む。サプライチェーンは、地政学だけではなく自然災害をはじめ他の要因でも阻害される。その見直しも進むだろう。だが、それはグローバリゼーションの否定ではなくグローバリゼーション・バージョン2の登場となる。グローバリゼーション・バージョン1で享受してきた西側の先端技術へのアクセスに制限がかかるということだ。2035年までに「高い水準の科学技術の自立と自強を実現し、創新型国家の前列に入る」という目標達成の困難は高まったと見ておくべきだ。だが、それ以外の現代化された経済体系やガバナンスの現代化などは自助努力で達成可能である。

中国の奇跡の経済発展は、確かに運にも恵まれた。だが中国の能力と努力がなければ達成不可能だったことも事実である。お金儲けに対する中国国民の執着は並大抵のものではない。鄧小平は、改革開放政策でこの国民の力を解き放った。その後の国政運営、特に経済運営は見事であった。中国経済は、常に問題だらけであり、経済専門家はそれを指摘し続けてきた。だが現実は蹉跌することなく前進を続けた。朱鎔基元総理が典型的な例だが、彼らは必死になって勉強した。その結果、多数の有能な経済テクノクラートが生まれ、今日まで経済の現場を担ってきた。現在、正確にいえば２０１２年以来、習近平政権は清廉で有能な官僚機構とするべく尽力している。日本基準の合格点はとれないだろうが、中国基準の合格点はとるだろう。前進しているということだ。

２０３５年の中国が、経済規模において米国を抜いているかどうかは議論の分かれるところだが、間違いなく、現在の中国よりさらに大きな、現代化がさらに進んだ国となっているだろう。国際社会における存在感も影響力も、現在よりさらに大きくなっていると見ておくべきだ。国際社会は、そういう中国と向き合うことになる。

「民主」という真の挑戦は国内から来る

中国共産党の真の挑戦は国内から来る。それはこれまで十分に手をつけてこなかった民主の問題でもある。民主というと民主主義の専売特許のように思われているが、マルクス主義は、初期資本主義とそれを支えるイギリスの民主主義を否定し、それを超える民主を作りだそうとしたものだ。民主は極めて重要な概念なのだ。上からの指示に従わせようと管理と取り締まりばかりを強調すると、「党内民主」はどうなったのかという声が党員から必ず上がる。中国国民の管理を強めようとしても、その必要はないと多くの国民が判断すれば、国民との関係は一挙に緊張する。そのとき無知な大衆から、考える市民に変身した国民は、語られて長く、実践されることが殆どなかった「人民民主」の問題に気づくだろう。「人民が主人」という共産党の理念の中身について、はじめて国民との対話を迫られるのだ。

２０３５年の中国は、「90後」と呼ばれる新しい世代が40代に入り、社会の中核を占める。その後には「Z世代」が続く。習近平たち文革世代とは全く考えを異にする新しい世代が社会の主役の一翼を担うのだ。彼らの「中国の夢」は、文革世代の「中国の夢」とは違う。10年後、あるいは15年後に、「中国の夢」の中身の修正もあり得るのだ。

共産党は教育を強化することにより、文革世代の理念と夢を次の世代に引き継がせようと懸命だ。だが、そういう理屈の宣伝よりも、若い世代が納得する中国社会を現実につくり出すことができるかどうかですべては決まる。社会のありように彼らが納得しなければ、社会の方を変えるしかない。共産党の政策や路線の修正は、社会の現場が突きつけてくるのだ。

習近平政権、特に第2期政権がやってきたことが、中国共産党そのものだと判断しない方が良い。3選を確保するための特別の時期であったからだ。これからの習近平第3期政権のすべてに当てはまることだが、人心の掌握がすべてのカギになる。党員と国民の心をつかむことができなければ、政権は行き詰まる。そのためには党内、党外の「民主」についても、習近平の強権的なやり方が上手くいかなければ、胡錦濤・温家宝時代のような「民主」を重視する方向に向かう選択肢は残されている。最後は国民が決めるのだ。中国を固定的に捉え、そのイメージを膨らませ、その結果出来上がった恐るべき「中国」を見て、何としても叩きつぶさなければならないと、まなじりを決して立ち向かう姿に、ドンキホーテを重ねるのは、筆者の穿《うが》ち過ぎであろうか。

［1］前回の第19回党大会報告「第二の百年」目標部分は次の通り：中国を富強・民主・文明・調和の美しい社会主義現代化強国に築き上げる。その暁には中国は、物質文明・政治文明・精神文明・社会文明・生態文明が全面的に向上し、国家統治体系・統治能力の現代化を実現し、先頭に立つ総合国力と国際的影響力を有する国となり、全人民の共同富裕が基本的に実現し、人民がより幸せで安心な生活を送っているであろうし、中華民族はますます潑剌《はつらつ》として世界の諸民族の中にそびえ立っているであろう。

［2］第20回党大会報告2035年達成目標：①経済力、科学技術力、総合国力を大幅に向上させ、一人当たりGDPを新たな大台に乗せ、中位の先進国レベルに到達する。②ハイレベルの科学技術の自立自強を実現し、革新型国家の上位に入る。③現代化経済体系を構築し、新たな発展の形を形成し、新しいタイプの工業化・情報化・都市化・農業現代化を基本的に実現する。④国家統治体系・統治能力の現代化を基本的に実現し、全過程の人民民主制度をいっそう整備し、法治国家・法治政府・法治社会を基本的に完成させる。⑤教育強国、科学技術強国、人材強国、文化強国、スポーツ強国、「健康中国」を築き、国の文化的ソフトパワーを著しく強める。⑥人民がより幸せによりよい生活を送れるようにし、住民一人当たりの実質可処分所得をさらに新たな大台に乗せ、中間所得層の割合を著しく高め、基本公共サービスの均等化を実現し、農村に現代的な生活環境を基本的に整備し、社会の長期的な安定を保ち、人の全面的発達と全人民の共同富裕によりはっきりとした具体的進展がみられる

ようにする。⑦環境に配慮した生産方式・生活様式を幅広く形成し、二酸化炭素排出量をピークアウト後に安定の中で減少させて、生態環境を根本的に改善し、「美しい中国」の目標を基本的に達成する。⑧国家安全保障体系とその能力を全面的に強化し、国防・軍隊の現代化を基本的に実現する。

［3］東莞日報の2019年8月28日付の記事（「無人飛行艇、2万メートル上空を風に乗って飛行」）が注目されている。2015年、広東省東莞市と一流大学である北京航空航天大学が「東莞北航研究院」を設立し、無人機、情報・通信、材料、先端製造技術等の面で研究を進めることになった。この記事によると2017年からの2年間で、同研究院は大きな技術的突破を果たし、飛行船「追雲号」が高度2万メートルをインド洋、大西洋、北米、太平洋と飛行し、数日後に出発点に戻る予定だという。因みにこの記事は現在でもネットで見ることができる。つまり2015年頃、この空域の重要性を中央が指摘し研究開発を慫慂したということだ。中央からの資金支援は何よりも有り難い。そこで各方面が研究に着手した。当然、軍もやっているはずだ。今回の事件は、その延長線上にある。

おわりに

1969年に外務省に入り、中国共産党第9回党大会における林彪の政治報告を読まされてから半世紀以上がたつ。その後、林彪は失脚し名誉回復もなかったので、誰も読まない政治文書となってしまった。赤線を引きながら必死になって読んでいる筆者に、戦前の中国で生活をしてきた先輩たちが、本当の中国社会と中国人を理解するためには、中国共産党の文献ではなく『三国志』や『水滸伝』を読みなさい、と教えてくれた。子供の読み物だと脇に置いていた『西遊記』を読むと、中国社会の解説書であることが分かった。やはり先輩たちの言うとおり、中国社会と中国人を理解せずに中国を論じることはできないのだ。

退職後間もなくの講演会後の懇談の場で、「宮本さんのお話は新鮮でした。中国の立場からはどう見えるのか初めて分かりました」というコメントをいただいた。外交の現場では、相手のことを徹底的に分析しなければ効果的な対応策は立てられない。相手の立場になって眺めてみるということだ。例えば営業をやっておられる方にとっても同じことではないだろうか。そこで懸命に相手の分析を続けてきた。ミャンマーにいたときも、米国アトランタにいたときもそうだった。中国を相手にすることが長かったし、90年代の半ばに中国を本格的に学ぶと決めたこともあり、中国分析が自分のライフワークになってしまった。

外交の現場では事態は刻々と変わる。分からないことの方がむしろ圧倒的に多い。89年の天安門事件のあの時点で、中国内部のことはほとんど分からなかった。それでも相手はこうだという想定を置き、政府の方針を決めなければならない。政治がタイム・スケジュールを決め、現場はそれに対応する以外の選択肢はない。そこで自分の分析の枠組みに沿って考え結論を出す。この作業は廊下を走りながらであったりする。学術的な研究成果は、分析の枠組み構築にとても役に立つし、不明な点が明確になり、脳内ソフトの精度を上げる上で役に立つ。それらを現場でチェックしながらさらに精度を上げていく。これが実務家の中国研究であり分析なのだ。ある時点で本当に中国は崩壊するのではないかと思ったこともある。しかしそれは間違っていた。そうなると何故崩壊しないのかを考究するしかない。筆者が軽々に中国崩壊を口にしないのは、こういう背景があるからだ。

だが正直に言って、筆者の話が「新鮮だ」というコメントには驚いた。筆者にとり当たり前の中国認識が、日本社会にとってはそうではないことを改めて思い知らされたからだ。等身大の中国を届ける。そのために講演以外にも本を書き、マスコミにも顔を出すことにした。世論が外交に大きな影響を及ぼす時代となり、より多くの国民の方々に等身大の中国と日中関係を知ってもらう必要を痛感したからでもある。そうした折の2021年初め、新潮社の会員制国際情報サイト「フォーサイト」の西村博一編集長から寄稿のオファーをいただいた。筆者の意向をくんで『「空気社会」中国を読み解く』という連載タイトルにしていただいた。本書は、同サイトへの寄稿を基に、大幅に加筆し必要な修正を加えたものであることをお断りしておく。こういう形で転載に応じていただいた「フォーサイト」に厚く御礼申し上げる。

本にしないかと言ってくれたのは、新潮新書編集部の安河内龍太氏である。実は古い付き合いなのだが、一緒に仕事をするのは初めてであった。短い間に人生の喜怒哀楽が一度に押し寄せ実に大変な時期に、この仕事をお引き受けいただき、より多くの読者に届くようにするにはどうしたら良いか、さんざん知恵を絞っていただいた。心から感謝している。

日中が、一時の感情に突き動かされることなく、冷静に相手を眺め、21世紀という時代に何が護られるべきかを真剣に考え行動することを念じて止まない。日本と中国の関係は、最後は国民同士が決める。中国もそうなのだ。国民同士の直接交流は広がっている。中国人訪日観光客もそうだし、ビジネスの交流も人の往来を伴う。日中の交流の主役に普通の国民が登場することで国民感情は大きく変わる。若者世代は、世界共通の若者文化を持ち、瞬時につながる通信手段を持っている。簡単につながり等身大の付き合いを始めている。次世代に希望を託しながら、その次世代に「今」を引き継ぐ、現世代の責任の重さを痛感する昨今である。

最後に、長い間支え続けてくれている家族に心からの謝意を表したい。

2023年3月

宮本雄二

宮本雄二　1946(昭和21)年生まれ。宮本アジア研究所代表。京都大学法学部卒。69年に外務省入省。駐ミャンマー大使などを経て、駐中国大使(2006〜10年)。著書に『習近平の中国』など。

Ⓢ新潮新書

992

2035年《ねん》の中国《ちゅうごく》
習近平《しゅうきんぺい》路線《ろせん》は生《い》き残《のこ》るか

著者　宮本《みやもと》雄二《ゆうじ》

2023年4月20日　発行

発行者　佐藤隆信

発行所　株式会社 新潮社

〒162-8711　東京都新宿区矢来町71番地
編集部(03)3266-5430　読者係(03)3266-5111
https://www.shinchosha.co.jp
装幀　新潮社装幀室

印刷所　株式会社光邦

製本所　株式会社大進堂

ISBN978-4-10-610992-8 C0222

価格はカバーに表示してあります。